Fr. Ricardo Ferreira dos Santos, ofm

Carismas, ministérios e estados de vida em são Boaventura

Fr. Ricardo Ferreira dos Santos, ofm

Carismas, ministérios e estados de vida em são Boaventura

Graus e modos eclesiais no seguimento de Cristo, pobre e crucificado

CREDO EDICIONES

Cover image: www.ingimage.com

Publisher:
CREDO EDICIONES
ist ein Imprint der / is a trademark of
International Book Market Service Ltd., member of OmniScriptum Publishing Group
17 Meldrum Street, Beau Bassin 71504, Mauritius

Printed at: see last page
ISBN: 978-613-2-55342-3

Carismas, ministérios e estados de vida em São Boaventura

Fr. Ricardo Ferreira dos Santos, ofm

ÍNDICE

INTRODUÇÃO

Nesta reflexão abordamos alguns aspectos dos carismas, e, por conseguinte, dos ofícios, ministérios e estados de vida na eclesiologia de são Boaventura (1257-1274). Fiel seguidor de Francisco de Assis, doutor da Igreja, contemporâneo de São Tomás de Aquino, homem de profunda espiritualidade franciscana e de agudo senso de pertença a Igreja. Verdadeiro místico no seguimento de Cristo pobre e crucificado. Teólogo não especulativo ou abstrato, mas engajado na vida eclesial que pergunta e procura responder aos desafios da Igreja de seu tempo.

São Boaventura não elaborou tratado de eclesiologia, mas aprofundou vários aspectos do mistério da Igreja. Entre estes consideramos os "carismas" que constituem a base da inserção e participação do cristão na Igreja. O santo doutor franciscano é um teólogo medieval que considera a Igreja não somente como um todo, mas especialmente a participação de cada fiel na obra do Reino de Deus. Neste sentido, entendemos o lugar fundamental dos carismas na vida comunidade eclesial. Os carismas valorizam e ressaltam a inserção de cada pessoa cristã na construção da vida eclesial.

A eclesiologia dos carismas tem origem e fundamento na teologia do Verbo. Neste sentido, são Boaventura continuamente confronta, compara e correlaciona o papel do Verbo eterno, isto é, o Verbo incriado com o Verbo encarnado. Na história, a ação do Verbo encarnado segue aquela do Verbo incriado, na criação.

Dito isto, nesta presente reflexão, buscamos aprofundar eclesiologia dos carismas segundo o doutor franciscano. Perguntamos pela compreensão teológica dos "carismas" e sua relação com os ofícios, ministérios e estados de vida e suas respectivas ordens, segundo são Boaventura. A cristologia juntamente com a pneumatologia, ou seja, a doutrina do Espírito Santo tem lugar fundamental na teologia do doutor seráfico. Daí porque indagamos pelo papel de Cristo e do Espírito Santo na eclesiologia dos carismas.

Procederemos da seguinte maneira: esta eclesiologia dos carismas, em primeiro lugar, tem o seu fundamento e raiz no Verbo encarnado. Por sua vez, a missão do Verbo encarnado supõe e segue aquela do Verbo incriado na ordem da criação. Em seguida, refletimos sobre a função de Cristo como hierarca da Igreja, considerando-o como fundamento, exemplar e presidente dos carismas. Depois, consideramos os carismas como expressão do seguimento de Cristo e caminho de conformação à perfeição evangélica. Em seguida, refletimos a relação entre carismas e a meta da bem-aventurança em Cristo. Posteriormente, abordamos a correspondência entre o Espírito Santo e os carismas e, por fim, falamos sobre as relações entre os carismas, ministérios e estados de vida e seu crescimento na história, segundo são Boaventura. Além do mais, consideramos a relação imanente, dinâmica e vital entre mistério trinitário e carismas.

1. O Verbo encarnado, fundamento e origem dos carismas

Segundo o doutor franciscano, os carismas têm origem e fundamento cristológico. Cristo, Verbo encarnado tem posição central na vida da Igreja. Ele é o "meio" e o "mediador". Neste sentido, considerando o seu lugar de primazia na Igreja é também chamado "Cabeça" e "Coração". Em sua função de doador e dispensador dos carismas, dons e ofícios da graça é chamado de "Hierarca". Entretanto, a função do Verbo encarnado supõe a ação do Verbo eterno ou incriado, desde a criação. O doutor seráfico desenvolve uma teologia do Verbo, espinha dorsal de seu sistema teológico, com implicações especialmente na eclesiologia. Neste sentido, o lugar e a função do Verbo são fundamentais na compreensão da obra da criação e na constituição do Corpo místico, isto é, a Igreja. Conhecer o lugar do Verbo eterno incriado nos ajuda a compreender o lugar do Verbo encarnado na fundação e no crescimento do corpo místico, e, por conseguinte, do significado dos carismas na edificação da Igreja peregrina. Dito isto, perguntamos: que distinção e unidade há entre ambos?

1.1. Distinção e relação entre Verbo incriado e encarnado

Boaventura está continuamente confrontando o papel do Verbo incriado com aquele do Verbo encarnado. A ação do Verbo encarnado segue aquela do Verbo incriado, na ordem da criação. O doutor franciscano elucida o papel do Verbo, distinguindo racionalmente a função e a correlação mútua entre o Verbo incriado e encarnado. Trata-se de um único e mesmo Verbo que age na obra da criação e da redenção. Porém, em ambas ações há distinção, reciprocidade e continuidade. O Verbo incriado é modelo ou exemplar na ação do Verbo encarnado. Neste confronto entendemos o lugar de Cristo na doação e na distribuição dos dons da graça, dos carismas, ministérios e estados de vida no universo da Igreja.

Nesse movimento do Verbo de Deus ao descender (descendere) parte sempre do alto, do mistério do Verbo pré-existente, eterno e incriado e continua na missão do Verbo encarnado. Há um só Verbo que procede do Pai, o Filho unigênito de Deus na ordem da criação e da redenção. Enquanto a função do Verbo eterno é a criação, aquela do Verbo encarnado, é a recriação. O Verbo na ordem da criação é o meio e o exemplar de todas as criaturas. Por conseguinte, o Verbo encarnado exerce a função de meio, mediador e exemplar na obra da salvação. O mesmo Verbo que ocupa posição superior opera em perfeição a obra da criação e da redenção.

O doutor franciscano está sempre correlacionando a obra do Verbo incriado (Verbum incriatum) àquela do Verbo encarnado (Verbum encarnatum). Neste sentido, não se deduz nenhuma comparação precisa entre ambos, mas essa comparação não é de maneira nenhuma casual, pontua Silic. Sempre a encontramos em Boaventura[1]. Muitas vezes declara expressamente que a ação do Verbo incriado é ser exemplar, a saber, modelo para a ação do Verbo encarnado, afirma Silic[2].

Na verdade, não somente se caracteriza tanto como exemplar, mas no sentido de continuidade da ação do Verbo, Filho de Deus. Além do mais, toda ação redentora ou até mesmo glorificadora supõe a ação criadora do Verbo. A história da salvação segundo são Boaventura supõe a ação criadora. A própria origem do corpo místico supõe também a ação natural do Verbo incriado de modo que as origens da Igreja igualmente se encontram na ação criadora do Verbo de Deus.

O doutor franciscano distingue o campo de atuação do Verbo incriado e do Verbo encarnado. Ambos se expressam na missão ad extra as processões ou emanações eternas ou ad intra em Deus. Em outras palavras revelam quem é Deus. Assim como o Verbo incriado atua no âmbito da natureza, o Verbo encarnado atua no âmbito do sobrenatural, ou seja, da graça[3]. Entretanto, Cristo como Verbo encarnado, atuando a

---

[1] Sermo 1 in Asc. Dom., in: BONAVENTURAE. *Opera Omnia.* t. IX. Ad. Claras Acquas (Quaracchi), 1901, p. 314-318; sermo 2 in Nativ. Dom. p. 1 (IX 107 b); sermo 1 de s. Andrea (IX 468); sermo 2 in festo omn. sanct. (IX 600-605); sermo 3 in Epiph. (IX 182 f); De Red. art. n. 12, in: BUENAVENTURA, *Obras de San Buenaventura,* t. I, Madrid: BAC, 1945, p. 657; Apol. paup. c. 2 n. 12, BUENAVENTURA, *Obras de San Buenaventura,* t. VI, Madrid: BAC, 1949, p. 373-375. Cf. SILIC, Rufin. *Christus und die Kirche, Ihr Verhältinis nach der Lehre des Bonaventura.* Breslau: Verlag, Müller & Seiffert, 1938. Ibid. p. 47.

[2] Sermo 3 in Epiph. (IX 182 f); sermo 1 de s. Andrea, c. (IX 468 b); Lig. vit. n. 48, in: BUENAVENTURA, *Obras de San Buenaventura,* t. II, 3ª. Ed. Madrid: BAC, 1967, p. 321-322; Apol. paup. SILIC, Rufin. *Christus und die Kirche, Ihr Verhältinis nach der Lehre des Bonaventura.* p. 47.

[3] Sermo 1 de s. Andrea (IX 468 b).

reparação do gênero humano, remete sempre a ação do Verbo incriado na natureza[4]. Portanto, a processão do Filho, Verbo eterno, gerado no seio do Pai, continua na missão temporal do Verbo encarnado ao ser enviado às criaturas em ordem a criação e a salvação.

A doutrina do Verbo de Deus incriado como modelo, criador e conservador de todas as coisas considera também a doutrina de B. sobre Cristo hierarca, isto é, a relação de Cristo com a Igreja militante que corresponde a três pontos muito importantes: Cristo é a imagem (exemplar), criador (creator) e conservador da Igreja (conservator)[5]. Como já foi dito, Cristo como a segunda pessoa divina é o exemplar, isto é, imagem segundo o mundo criado. Nele se espelha toda perfeição da criação[6].

Neste sentido, as coisas da natureza são mais distintas e possuem também perfeição porque todas procedem imediatamente de um único exemplar, o Verbo incriado[7]. A diversidade das coisas é a "expressão" porque encontra a perfeição universal e infinita em seu exemplar eterno[8]. Por exemplo, a ordem angélica em suas relações é a expressão mais perfeita da Trindade[9].

No Verbo, Filho de Deus é dito e foi feita todas as coisas[10]. Por sua vez, o Verbo encarnado está na origem e no fundamento da beleza da vida espiritual. O Verbo incriado é a origem de todas as criaturas[11]. Ele disse e as todas as coisas foram feitas. O Verbo encarnado no tempo é origem da reparação de todas as coisas. Ambas as obras são irrigadas em virtude do Espírito Santo. As criaturas naturais são conservadas e, por conseguinte, são reparadas ou melhoradas. Do Verbo eterno que é princípio das essências fluem doze ordenamentos da vida, ou seja, vegetal, sensível, racional, vida angélica e arcangélica, etc.; assim ao todo são nove ordens. Portanto, enquanto o Verbo incriado é a origem de todos os rebentos naturais; o Verbo encarnado é a origem de todos os rebentos gratuitos, ou seja, os brotos da graça.

---

[4] SILIC, Rufin. *Christus und die Kirche, p. 47.*

[5] Ibid.

[6] Hex. c. 1 n. 13, in: BUENAVENTURA, *Obras de San Buenaventura*, t. III, Madrid: BAC, 1947, p. 185-187); sermo 1 in Asc. Dom. p. 1 (IX 515 b); De Scient. Chr. q. 7 corp (BAC II 234-255); Apol. paup. in: BUENAVENTURA, *Obras de San Buenaventura*, t. VI, Madrid: BAC, 1949, c. 2 n. 12, p. 373-375.

[7] Ap. paup. Ibid. Hex. c. 3 n. 4-9, in: BUENAVENTURA, *Obras de San Buenaventura*, t. III, p. 233-235; SILIC, Rufin, SILIC, Rufin. *Christus und die Kirche,* 47.

[8] Apol. paup. Ibid.

[9] Hex. c. 21, 16, ibid. p. 591.

[10] Dom. III post Epiph. Sermo 2 (IX 182 f).

[11] Sermo 1 de s. Andrea (IX 468 b).

Enquanto o Verbo incriado é a origem dos doze ordenamentos da vida; o Verbo encarnado é a origem do crescimento espiritual[12]. Ele é a árvore da vida o qual consiste na sabedoria e na origem do universo. Tanto o Verbo incriado como o Verbo encarnado é o mesmo Verbo da sabedoria. Por sua vez, este último está conjugado ao mistério da cruz. Portanto, a cruz é a fonte da sabedoria porque contém a Cristo, fonte da sabedoria e tesouro de toda sabedoria e ciência, porque em Cristo se encontram escondidas todos os tesouros da ciência e da sabedoria, segundo o apóstolo[13].

Em sua obra a *"A Árvore da Vida"*, declara:

"Com efeito, assim como pelo Verbo eternamente dito são produzidas todas as coisas assim pelo Verbo encarnado são reparadas, elevadas e finalizadas..."[14].

1.2. O papel do Verbo na criação e na edificação da Igreja

Deste modo, enquanto o Verbo incriado é o manancial da vida, o Verbo encarnado é a fonte da graça. Porém, como Verbo encarnado é chamado de hierarca supremo porque tem a função de fluir continuamente a graça sobre o seu corpo místico, constituindo a hierarquia celeste e fundando a Igreja militante ou peregrina na terra. Entre as hierarquias, Cristo ocupa a posição do meio de modo a estabelecer entre elas verdadeiro movimento de comunicação e integração recíproca. Neste sentido, Ele é chamado de "escada" que toca o céu e a terra, constituindo relação mútua entre os seres criados seja na terra ou no céu. Trata-se de verdadeira "escada de Jacó"[15]. Por conseguinte, há um só corpo místico, um só hierarca e uma só escada.

Cristo é o "hierarca" na hierarquia eclesial, na angélica e na divina, o qual é identificado como a "persona media" que permanece na base de toda hierarquia. Por meio de sua presença, há "unidade" e "comunhão" entre as pessoas da hierarquia

---

[12] Ibid.
[13] Ibid.
[14] Lig. vit. n. 48, in: BUENAVENTURA, *Obras de San Buenaventura*, t. II, 1967, p. 321.
[15] Cf. Jo 1, 51; Gn 28, 12 ss. Visão de são João evangelista e do livro do Genesis sobre a "escada de Jacó". Declara Jesus: *"Vereis os anjos descendo e subindo sobre o Filho do homem"*. In Asc. Dom. sermo 4 (IX 320 a); In Asc. Dom. sermo 8 (IX 324 a); De Trans. S. Fran. (25 Maii), (IX 534 b); De ss. Angelis sermo 1 (IX 609 b); ss. Angelis (IX 610); Brev. prol. p. 3 n. 2, in: BUENAVENTURA, *Obras de San Buenaventura*, t. I, Madrid: Madrid: BAC, 1945, p. 181*; "Cristo, nossa escada, a saber, corporal, espiritual e divina":* Itin. c. 1 n. 3, in: Ibid., p. 567; Hex. c. 22 n. 24, in: BUENAVENTURA, *Obras de San Buenaventura*, t. III, ; Chris. u. omn. magis. n. 14, in: Ibid. p. 689; In Luc c. 9 n. 59 (VII 235 b) et c. 9 n. 62 (VII 236 b). In Luc c. 13 n. 72 (VII 356 b). In Luc c. 24 n. 6 (VII 588 b). In Joan c. 1 n. 98 (VI 267 a/b). Nesta subida e descida dos anjos, se constitui a Igreja, corpo místico de Cristo como verdadeira hierarquia, cujo centro e ponto de integração e interação é Cristo, Verbo encarnado.

terrestre na Igreja militante, da hierarquia celeste na Igreja triunfante e da hierarquia divina na Trindade.

A mesma função para com a redenção do homem (da Igreja) ocupa Cristo como o Verbo de Deus encarnado. Ele é também o exemplar, isto é, o modelo ou paradigma na edificação da Igreja militante[16]. Assim como as coisas criadas em sua diversidade e distinção procedem do Verbo incriado como princípio eterno e indivisível, igualmente na Igreja militante do Verbo encarnado derivam muitos e distintos estados, graus e ordens[17].

Estes mesmos graus, estados e ordens tem a sua origem através da participação na mesma plenitude da santidade e perfeição de Cristo[18]. Contudo, essa perfeição universal de Cristo não se esgota em sua plenitude em nenhum deles, mas cada um segundo a sua particularidade participa da diversidade de sua perfeição universal. Pois, cada um recebe segundo a sua medida própria, isto é, o mais ou menos da plenitude da graça de Cristo[19]. O estado ou a ordem é somente uma imagem imperfeita de Cristo. Porém, todos os estados, graus e ordens em conjunto são uma imagem perfeita da encarnação do Verbo, a fonte de toda graça, virtudes e méritos[20]. E esta é a luz, que refulge na Igreja. Pois, a mesma é plena de graça, virtudes e méritos[21]. Por conseguinte, Cristo é um espelho,

> *"... do qual brilha toda plenitude e beleza de santidade e sabedoria..." (da Igreja)*[22].

O Verbo de Deus incriado não é somente o exemplar, conforme o mundo criado, mas também o "meio" (medium) pelo qual tudo foi criado[23]. Igualmente, o Verbo de Deus encarnado é o meio (medium) através do qual o homem se torna nova criatura[24]. Assim como do Verbo incriado tem origem todo ser e a vida natural, do Verbo

[16] Apol. paup. Ibid.
[17] Lig. vit. 40 (BAC II 313-316); Perf. ev. c. 2 n. 12, p. 375.
[18] Apol. paup. Ibid. Perf. ev. ibid.
[19] Apol. paup. Ibid. Perf. ev. ibid.
[20] Apol. paup. c. 2 n. 12, p. 373-375.
[21] Sermo 2 in festo omn. Sanct. p. 2 (IX 602 bf). Hex. c. 3 n. 19, p. 245.
[22] Apol. paup. p. 375.
[23] 2 Sent. d. 13 dub. 4 (II 333 bf).
[24] Sermo 1 de s. Andrea (IX 468).

encarnado procede toda ação eficaz espiritual pela qual toda alma é revivificada[25]. Como Verbo de Deus encarnado, Cristo é o "principium originale" de todos os dons[26].

No extenso sermão da festa de todos os santos, B. afirma que Cristo, Verbo encarnado pela influência da graça construiu a cidade na terra, ou seja, a Igreja militante[27]. No entanto, Ele não somente a cria, mas a edifica. O doutor franciscano pensa numa fundação continuada da Igreja pela graça. Não é realidade estática, mas dinâmica. Pelo influxo da graça do sumo hierarca, cabeça e esposo, a hierarquia da Igreja militante está em contínuo crescimento ou aperfeiçoamento.

Porque o Verbo de Deus incriado, a segunda pessoa divina, não é somente virtus fontalissima, mas também vita fontalissima. Neste sentido, não é somente a palavra do criador, mas também o princípio da vida e da continuidade da existência[28]. Por meio do Verbo, Deus dispõe, cria e conserva: *eadem est ratio omnia praeordinans, omnia principians et omnia conservans*[29].

Igualmente, Cristo como Verbo encarnado é o conservador da Igreja instituída. Neste sentido, se acentua ainda mais o lugar e o papel do hierarca[30]. Na Igreja, Cristo é o hierarca principal (hierarcha praecipuus) porque rege interiormente a Igreja[31]. Ocupando lugar superior nas hierarquias, seja angélica ou terrestre, Cristo, o único pontífice e sumo hierarca tem a função ministerial de conceder os dons da graça e de distribuir os ministérios da Igreja.

"Aos santos da Igreja militante em todo mundo... dirige um único pontífice, Cristo (Pontifex, Christus) como sumo hierarca (summus hierarcha) assim como acontece na hierarquia angélica (civitas superma), distribuindo variedade dos dons da graça e constituindo a função dos diferentes ministérios da Igreja"[32].

Como já mostrava são Bernardo, ressalta Silic, são Boaventura aprofundou as relações entre as hierarquias angélica e subceleste (ou da Igreja na terra). A hierarquia

[25] Ibid.
[26] Sermo 4 in Dom. 13 p. Pent. (IX 406 b).
[27] Sermo 2 in festo Sanct. p. 2 (IX 602 b): *"Construxit ergo hanc civitatem in terris Verbum incarnatum per influentiam gratiae"*.
[28] Sermo 1 in Asc. Dom. p. 1 (IX 316 a); sermo 1 de s. Andrea, col. (IX 468 b); Hex. c. 12 n. 4, p. 397; sermo 1 in Dom. 9 p. Pent. (IX 387f). SILIC, Rufin. *Christus und die Kirche,* p. 50.
[29] Sermo 1 in Asc. Dom. p. 1 (IX 316).
[30] Lig vit n. 40; sermo 2 in festo omn. Sanct. p. 2 (IX 602 bf).
[31] Perf. ev. q. 4 a. 3 concl. p. 311.
[32] Lig vit. n. 40, p. 313.

da Igreja em suas ordens e graus é uma clara imagem da hierarquia angélica: por meio das relações de ordem, todos se ordenam a Deus, o sumo, de modo a se manifestar em sua perfeição[33]. Deste modo, na Igreja militante há também ministérios eclesiais[34]: hostiários, leitores, exorcistas, acólitos, subdiáconos, diáconos, sacerdotes, bispos, patriarcas sob a autoridade da cabeça suma, o papa que são uma imagem perfeita da hierarquia angélica[35]. Porém, esta ordem exterior e terrena é somente uma imagem da ordem interior da graça do hierarca sumo Cristo que está sobre todos e que dele procede todos os graus, ofícios e poderes (gradus, oficia et potestates) e também todo o ordenamento interior da Igreja[36].

"... sendo a Igreja uma só hierarquia, um só corpo e uma só esposa, deve possuir um só hierarca principal, uma só cabeça e um só esposo, e porque essa unidade compete à Igreja enquanto a influência interna dos carismas e enquanto ao exercício externo dos ministérios, resulta em consequência não somente ao que compete reger, vivificar e fecundar interiormente a Igreja, é hierarca principal, cabeça e esposo ..."[37]

A hierarquia angélica em sua beleza e em sua vida recebe a tríplice influência de Deus: purificação, iluminação e perfeição ou consumação[38]. Essa influência ou efeitos são obra de Deus na qual a hierarquia angélica somente "quasi occasionaliter" (ocasionalmente) pode participar. Igualmente a Igreja recebe a vida através de uma tríplice influência de Cristo[39]. Ele também atua a purificação (purgatio), iluminação (illuminatio) e plenitude (perfectio ou consumatio) na Igreja: como sumo sacerdote purifica-nos do pecado; como sumo mestre ilumina-nos através de seus ensinamentos a nossa ignorância; como rei poderoso faz justiça e nos introduz em sua glória[40]. Trata-se dos atos hierárquicos. A finalidade da aplicação da graça sacramental e o exercício desses atos significam conduzir a Igreja e a alma fiel à perfeição ou plenitude da vida interior ou espiritual com Deus.

---

[33] Perf. ev. c. 4 a. 3 concl. Ibid.
[34] SILIC, Rufin. *Christus und die Kirche, p. 51.*
[35] Perf. ev. ibid.; Brev. p. 6 c. 12 n. 1, p. 483-485.
[36] Perf. ev. q. 4 a. 3 concl. p. 313.
[37] Perf ev. c. 4 a. 3 concl. p. 313.
[38] 2 Sent. d. 9 Praenotata (II 236 ff); Hex. c. 21; sermo 1 de ss. Angelis (IX 606-618).
[39] Semo 1 in Dom. 3 Adv. p. 2 (IX 58 ab). Itin. c. 4 n. 5 p. 609.
[40] Sermo 1 in Dom. 3 Adv., ibid.

Ele permite que as pessoas participem nessa obra e distribui para este fim os diversos ministérios da Igreja[41], porém participam somente "quasi occasionaliter", visto que somente a instrução e a graça divina conduzem definitivamente as almas a Cristo[42].

Entretanto, as virtudes procedem de Cristo e são dadas imediatamente por Cristo, o qual reina diretamente sobre todos os seus súditos, *"segundo a influência imediata de suas virtudes"* (secundum influentiam virtutis immediatissimus est)[43]. Também em seu crescimento histórico, a Igreja é uma imagem da hierarquia angélica[44]. Ela tem historicamente três ordens fundamentais (ordines fundamentales): patriarcas, profetas e apóstolos que correspondem aos três coros de anjos[45]. As ordens da Igreja em crescimento (ordines promoventes): mártires, confessores e virgens correspondem às ordens medianas dos anjos. As três últimas ordens (ordines consummativi): prelados, mestres e leigos correspondem a última ordem dos anjos e são o último estado de crescimento histórico[46]. Nela está a jurisdição ou presidência (prelados); o ensino bem como a exposição da perfeita organização vital[47].

Esse crescimento da Igreja se assemelha ao organismo humano ou, por exemplo, a vitalidade de uma árvore, onde Cristo ocupa como "fundamento da Igreja" um lugar especial. Ele é a cabeça desse organismo, a raiz da árvore que suga da raiz a seiva, sendo conduzindo aos ramos; de modo análogo, o organismo humano recebe tudo da cabeça. Cristo como cabeça da Igreja ocupa o lugar mais excelente na hierarquia eclesiástica (locum supremum tenet in hierarchia nostra)[48]. Ele é o hierarca sumo que conduz a vida e ao crescimento da Igreja[49].

Ele também a fundou e a conserva viva a Igreja através de sua direção. Por isso, estabeleceu a Igreja militante e a dirige através de seu ministério sacerdotal, do ensino e da pastoral, e, por conseguinte, continuamente recebe a vida de suas criaturas redimidas[50], as faz retornar a Deus pela graça, cuja ação remete ao Verbo incriado que

---

[41] Lig. vit. n. 40, p. 313; Perf. ev. q. 4 a. 3 concl. Ibid.
[42] Sermo 5 de ss. Angelis, p. 1 (IX 624 a). Cf. SILIC, Rufin. *Christus und die Kirche*. p. 51.
[43] Perf. ev. q. 4 a. 3 ad 14 et 15, p. 325-327.
[44] SILIC, Rufin, p. 52.
[45] Hex. c. 22 n. 5, p. 609. Cf. também sermo 1 de ss. Angelis p. 1 (IX 610 e 613 f).
[46] Hex. c. 22, n. 7, p. 611.
[47] Hex. c. 22 n. 9, p. 611-612.
[48] Ibid.
[49] SILIC, Rufin. *Christus und die Kirche, p. 52.*
[50] Ibid.

em sua função mediadora reconduz todas as coisas criadas a Deus[51]. Neste movimento de retorno a Deus, Cristo é o exemplar, pois em sua pessoa realiza a perfeita purificação com Deus[52]. Ele é o criador desse retorno, pois através da fundação da Igreja recria a escada destruída, possibilitando especialmente ao retorno[53]. Igualmente, ele mesmo em virtude de sua graça é a ponte para Deus[54]. Porque, nele como fruto da encarnação, na união hipostática, se potencializa a natureza humana, ou seja, a humanidade se torna habilitada a receber e a doar os dons da graça conforme o possível. Portanto, a potência (potentia) receptiva da natureza humana é aplicada no ato sumamente possível: na recepção através da união hipostática: in illo uno tota unitas consummatur[55].

Na fundação e na edificação da Igreja, as virtudes teologais têm papel fundamental. Assim como o Verbo na glória de modo quadriforme edifica a Igreja celeste, igualmente o Verbo encarnado edifica de modo quadriforme pela graça a cidade na terra, a saber, pela fé nos racionais, pela esperança nos irascíveis, pela caridade nos concupiscíveis, pela santidade de todos no conjunto[56].

Mediante as virtudes teologais, a Igreja é fundada ou restabelecida, podendo os fiéis participar da vida da graça que em última análise constitui a plena união com Cristo. Este é o sumo pontífice, o supremo hierarca que a semelhança da cidade celeste institui na santa Igreja militante as dignidades e ofícios e distribui os dons e carismas, constituindo os serviços ou ministérios em vista da edificação do corpo de Cristo[57].

Já que a Igreja é uma só hierarquia, um só corpo e uma só esposa deve possuir igualmente um só hierarca principal, uma só cabeça e um só esposo. Cristo é o hierarca altíssimo[58]. O papel do hierarca significa estabelecer e estar sempre restabelecendo mediante a sua direção a unidade da Igreja com Cristo; de Cristo com os fiéis e dos fiéis entre si.

2. A função de Cristo e do Espírito Santo, hierarcas na Igreja

[51] Sermo 1 de s. Andrea, c. (IX 468 b); sermo 2 de Nativ. Dom. p. 3 (IX 109 b).
[52] Sermo 2 in Nativ. Dom. ibid. Sermo 2 in Nativ. Dom. ibid. p. 53.
[53] Sermo 4 in Asc. Dom. (IX 320 a).
[54] Ibid. sermo 1 de s. Andrea p. 1 (IX 464 a); Itin. c. 4 n. 2.
[55] Sermo 2 in Nativ. Dom. p. 3 (IX 110).
[56] Serm o 2 In Festo omn. Sanct. n. 2 (IX 602 b).
[57] Lig. vit. n. 40, p. 313.
[58] In Luc. c. 13 n. 72 (VII 356 b).

Segundo o doutor franciscano, a função de Cristo chamado de "hierarca" se situa no universo da graça, e, por conseguinte, da história da salvação. Cristo é a escada, cuja parte inferior toca a terra; e a parte superior toca o céu. Cristo é o hierarca (hierarcha) da hierarquia eclesiástica em razão da natureza humana assumida, mas também é hierarca da angélica. Ele é pessoa média na hierarquia superceleste da Trindade beatíssima. Por meio dele descende (descendere) a graça da unção desde o alto da cabeça que é Deus não somente até a barba, mas também até a orla de sua veste, porque não somente desce à Jerusalém celeste, mas também à militante[59].

Com efeito, a graça não somente alcança a cabeça ou os membros superiores, mas também todos os membros simples, ou seja, todos os súditos que estão na base da Igreja. Cristo, o Verbo encarnado continua a função do Verbo eterno ou incriado. Ocupa um lugar de superior de dignidade nas hierarquias seja na terra e no céu. Ele é a cabeça do qual procede e flui a graça da santíssima Trindade seja na Igreja celeste ou na Igreja militante.

Cristo está presente e atua na hierarquia celeste e sua influência alcança a subceleste. Portanto, Ele está presente tanto na Igreja peregrina como na gloriosa. Sua presença alegra a cidade celeste e a sua influência faz regozijar a Igreja militante[60]. Ele é aquele hierarca principal, cabeça e esposo que rege, vivifica e fecunda interiormente a Igreja. É dele que procede a unidade e por meio dele a Igreja se sustenta e se estabiliza na unidade. Essa função do hierarca que é igualmente cabeça e esposo único da Igreja é continuada visivelmente na função ministerial de Pedro e dos apóstolos e de seus sucessores os sumos pontífices[61].

Já que Cristo exerce a influência interna dos carismas, no exercício externo se dá através dos ministérios[62]. Portanto, de modo sacramental, Cristo desce continuamente, comunicando a sua graça salvífica e exerce o seu ministério através da hierarquia da Igreja militante. Assim como Cristo é o hierarca principal, igualmente na terra o papa exerce essa missão de único hierarca principal em razão da conservação da unidade da Igreja[63]. Cristo é o hierarca que reparou a hierarquia celeste (angélica) e subceleste

---

[59] Brev. prol. § 3 n. 2, p. 181.
[60] Sermo 4 in Asc. Dom. (IX 319 bf).
[61] Perf. ev. c. 4 a. 3 resp. p. 313.
[62] Ibid.
[63] Ibid.

(humana) toda corrompida[64]. Igualmente Cristo é o hierarca principal que preside a cidade[65]. E segundo Dionísio hierarca é aquele que aperfeiçoa toda hierarquia[66].

O "hierarcha praecipuus" deve ser "summe largifluus"[67]. Era necessário que nosso hierarca fosse generoso (hierarcha noster sit largifluus) em razão da grandeza da influência, ou seja, em virtude da largueza na continua doação de seus carismas e dons. Neste sentido, Cristo é chamado "pai dos tempos futuros" (pater futuri saeculi), porque Ele é o princípio das influencias pelas quais somos vivificados e introduzidos no mundo futuro. Este mundo vindouro está ligado a função hierárquica de Cristo que doa o Espírito Santo, distribuindo os seus dons.

O Espírito Santo é este dom por excelência, segundo o doutor franciscano. É o primeiro dom de Cristo dado como hierarca que purifica, ilumina e aperfeiçoa a hierarquia celeste e terrestre. Assim como no vendaval no cenáculo no dia de Pentecostes, ele purifica, e aparecendo em línguas de fogo, ilumina e, ao descer sobre os fiéis, aperfeiçoa. Do Espírito Santo manam os dons da graça: *"A hoc manant dona gratuita"*. Ele mesmo é o dom da graça de Cristo doado com generosidade, largueza e gratuidade.

Cristo é o nosso hierarca generoso pela largueza de sua grande influência. *"Haec sunt dona largitatis Christi"*. Ele nos concede os seus dons abundantemente. É por isso que o doutor franciscano o chama de "hierarcha noster largifluus"[68]. Ou seja, aquele que continuamente e abundantemente nos concede os seus dons. O Espírito Santo é um sinal dessa atitude de generosidade abundante de Cristo, sumo hierarca. Ele nos concedeu o Espírito Santo outrora oculto em sua missão, mas que se tornou manifesto. O Espírito Santo desceu sobre nós para que pelos seus dons gratuitos nos fizesse novas criaturas.

Portanto, o Espírito Santo foi também hierarca purificante, iluminante, aperfeiçoante porque desceu sobre a hierarquia celeste e subceleste. São Boaventura não deixa de acentuar a missão conjunta de Cristo com o Espírito Santo. Sempre agem juntos de modo indivisível nos concedendo os seus dons que são também dons do Pai das luzes. Cristo e o seu Espírito são hierarcas que tem o propósito comum de

---

[64] Hex. c. 3 n. 12, p. 329.
[65] Hex. 18 n. 12, p. 521.
[66] Ap paup. c. 13 n. 23.
[67] Hex. c. 3 n. 19, p. 245.
[68] Ibid.

comunicar continuamente estes dons sobre os membros do corpo místico para que haja ordem, beleza e unidade.

Ele nos envia o Espírito Santo para nos hierarquizar através de seus dons: *ab hoc hierarcha manat dona gratuita*[69]. O hierarca Cristo também é capaz da autoridade sacerdotal que não somente nos concede a graça, mas pode doar também a graça suma, o Espírito Santo[70]. Neste sentido, Cristo hierarca exerce intensa influência sobre os seus súditos[71]. Daí porque Ele deve ser a fonte daquela influência divina a fim de tornar a ordem hierárquica imagem de Deus.

Considerando o lugar e a função de Cristo, o Verbo encarnado como "hierarca" da Igreja, constituída essencialmente pela hierarquia, como dom ou graça de Deus, os fiéis segundo o seu carisma e graus de sua ordem, seja leigos, clérigos ou religiosos colaboram nesse movimento de hierarquização eclesial. São sujeitos ou agentes na edificação da Igreja na terra. Cada um segundo o dom do Espírito Santo concedido participa da plenitude da graça de Cristo hierarca, colaborando na hierarquização dos membros. Porém, os prelados ou sacerdotes que receberam o sacramento da Ordem, constituídos ministros da Igreja são os responsáveis pela aplicação a si e aos outros das três vias ou atos hierárquicos com o propósito de santificar toda Igreja e os membros fiéis. Os prelados da Igreja são hierarcas, cuja missão é ensinar, santificar e governar os seus súditos.

3. Origem e meta cristológica dos carismas

De modo particular, em sua obra *"Apologia Pauperum"*, são Boaventura explica e justifica o significado dos carismas, ministérios e estados de vida dados a Igreja[72]. Segundo o doutor seráfico, eles têm a sua fonte e razão de ser na encarnação do Verbo e, por conseguinte, na missão do Espírito realizada no tempo.

Cristo é exemplar de toda perfeição. Enquanto Verbo incriado, é exemplar de todas as coisas. As criaturas são criadas no Verbo eterno, onde no tempo e no espaço resplandece de forma velada a sua luz. Com efeito, estas mesmas criaturas são espelhos de sua luz. Elas são produzidas em vista do aperfeiçoamento do universo.

---

69 Hex. Ibid.
70 SILIC, Rufin. *Christus und die Kirche, 46.*
71 Hex. Ibid.
72 Ap. paup.c. 2, n. 12, in: BUENAVENTURA, *Obras de San Buenaventura*, p. 373-374.

O doutor franciscano afirma também que a semelhança daquilo que acontece na ordem da criação acontece de modo semelhante na ordem da salvação. Cristo, Verbo encarnado é a fonte, exemplar e espelho de todas as graças, virtudes e méritos de modo que conforme esse exemplar se levanta o tabernáculo da Igreja militante. Em Cristo habita toda plenitude dos carismas[73].

Cristo, Verbo encarnado, segundo são Boaventura, é chamado cabeça da Igreja, o seu corpo místico. Nele habita a plenitude de todas as graças e de todos os carismas[74]. Ele é o princípio da graça do qual emana variedade de carismas da graça que concedida a cada membro batizado se configura como imitação a Cristo.

Segundo o doutor franciscano, Cristo é o princípio, isto é, a fonte de toda a graça, cuja plenitude todos nós recebemos[75]. Cristo em sua natureza humana e divina possui em si a plenitude fontal e original não somente em suficiência, mas também em sobreabundancia[76]. Neste sentido, Ele é chamado de cabeça capital da Igreja, que é seu corpo, de modo que todos os membros recebem sentidos e movimentos, amor, graça e conhecimento[77].

Assim como na ordem da criação todas as criaturas encontram a forma de sua existência na imitação natural de Cristo, o Verbo incriado, não exaurindo a luz da perfeição divina, assim também, na ordem da salvação, são dados os carismas como imitação no seguimento de Cristo que não se esgotam em cada um de nós. Ninguém consegue abarcar a totalidade da perfeição de seus atos. Porém, conforme o grau ou estado de vida somos chamados a imitá-lo de acordo com a nossa medida pessoal[78].

Igualmente, Cristo não somente doa os carismas, mas os preside de modo a distribuí-los gratuitamente a todos sem distinção. Sendo Ele cabeça da Igreja todos os carismas procedem Dele[79]. Segundo são Boaventura, Cristo é o pontífice ou supremo hierarca que em ordem maravilhosa a semelhança do ordenamento da cidade celeste dispõe as dignidades, os ofícios e distribui dons e carismas a Igreja militante.

---

[73] Brev. p. 4 c. 5 n. 1, in: BUENAVENTURA, *Obras de San Buenaventura, t. I* p. 349; Brev. p. 4 c. 8 n. 5, p. 359; Hex. 15, n. 8, p. 455.
[74]Brev. p. 5, c. 4, n. 5, p. 159.
[75]Apol. paup, c. 2, n. 12, p. 373-374. Cf. também: Brevilóquio, p. 4 c. 5, in: BUENAVENTURA, *Obras de San Buenaventura*, t. VI. Madrid: BAC, 1945, p. 349-353.
[76]Brev. p. 4, c. 5, n. 5, in: BUENAVENTURA, *Obras de San Buenaventura*, t. VI, p. 351.
[77] Ibid.
[78]Apol. paup. c. 2, n. 12, p. 375.
[79]Perf. ev. q. 4 a. 3 n. 16, in: BUENAVENTURA, *Obras de San Buenaventura*, t. VI, Madrid: BAC, 1949, p. 301.

Daí porque desde o início da fundação da Igreja constituiu a uns apóstolos, a outros profetas, a outros evangelistas, a outros pastores e doutores para o aperfeiçoamento dos santos na obra do ministério em vista da edificação do corpo de Cristo, conforme testemunho do livro dos Atos dos Apóstolos[80].

Em Cristo reside toda a graça de modo que Nele brilha a plenitude de perfeição e beleza de santidade e sabedoria[81]. Por conseguinte, os carismas nos são dados e distribuídos em vista de nossa participação no sumo bem, ou seja, Naquele que é fonte e espelho da graça, Cristo. Ele é também o dispensador da graça porque somente Dele nos vem a distribuição de dons e carismas.

Com efeito, os carismas são dados para que em Cristo especialmente em seus atos nos espelhemos. Os mesmos são modos ou meios de participação no seguimento de Cristo em sua perfeição evangélica. Cada um dos fiéis, membros do corpo místico de Cristo, recebem, conforme a sua medida, maior ou menor influxo da graça.

4. **Carismas, modo de seguimento a Cristo**

Segundo são Boaventura, os dons e carismas nos são dados para que imitemos a Cristo, exemplar e princípio de nossa salvação. Visto que os mesmos em sua ação eclesial refletem Cristo em seus multiformes atos:

"... certos atos olham a sublimidade de seu poder como andar sobre as águas com os pés enxutos, converter os elementos, multiplicar os pães, transfigurar-se a si mesmo e operar os demais milagres; outros olham a luz da sabedoria como proferir celestes arcanos, examinar os segredos do coração, prever o futuro; outros a severidade do juízo como expulsar do templo os vendedores, derrubar as cadeiras dos vendedores de pombas, ferir com duras acusações os sacerdotes; outros consideram a dignidade do ofício, como confeccionar o sacramento do seu santíssimo corpo, impor as mãos e perdoar os pecados; outros a condescendência da miséria, como esconder-se na perseguição, temer e entristecer-se na morte e orar ao Pai para que afaste dele o seu cálice; outros, a informação da vida perfeita como observar a pobreza, guardar a virgindade..."[82]

---

[80] Cf. At 1, 1-4. Lig. Vit. n. 40, in: BUENAVENTURA, *Obras de San Buenaventura*, t. II, 3ª. Ed. Madrid: BAC, 1967, p. 313.
[81] Apol. paup. c. 2, n. 13, p. 375.
[82] Ibid.

Segundo o doutor seráfico, a perfeição cristã consiste na imitação universal dos atos de Cristo. Ele enumera seis variedades ou categorias de atos de Cristo. Os dois primeiros grupos de atos se referem à vida pública de Jesus, ao anuncio profético acompanhado dos milagres que confirmam a sua missão messiânica. O terceiro e quarto grupos se referem à severidade e dignidade dos ministros ordenados, aos que presidem e aos prelados. O quinto diz respeito aos atos de condescendência, ou seja, abaixamento, humildade da Paixão daqueles que se põe a serviço dos pobres e fracos. E o último grupo de atos indica o estado dos quem abraçam a vida consagrada ou religiosa, professando os seus votos.

Segundo o doutor franciscano,

"... Cristo é esplendor, espelho e exemplar de toda perfeição"[83].

E citando o evangelho segundo Lucas (Lc 16, 40), afirma que:

"todo discípulo será perfeito a semelhança do mestre"[84].

De acordo com são Boaventura, sendo os atos de Cristo multiformes, há ordem e graduação na participação nesses mesmos atos de modo a nos levar sob o influxo da graça à perfeição. Atos que nos ajudam sempre mais a nos aproximar e nos modelar conforme a imagem de Cristo pobre e crucificado.

Em várias passagens desta sua obra, B. ressalta Cristo em toda a sua vida histórica e peregrina e em sua Paixão que em atitude de compaixão e misericórdia assumiu a realidade dos pobres, fracos e doentes[85]. Em outras palavras, o Filho de Deus encarnado assumiu a miséria e as dores humanas. Portanto, Cristo, mestre da perfeição, em sua caridade de condescendência se abaixou, assumindo a situação da humanidade adoentada.

Com efeito, acentua o doutor franciscano que essa "condescendência" para com o ser humano é o referencial sumo de toda perfeição cristã. Por conseguinte, esta atitude condescendente não está presente somente em seus membros vigorosos, mas pertence principalmente a Cristo, Cabeça da Igreja. Neste sentido, o cristão é chamado a segui-lo na imitação de seus atos perfeitos. Por conseguinte, essa imitação da pessoa de Cristo

---

[83] Ap. paup. c. 3 n. 8, p. 387.
[84] Ibid.
[85] Ap. paup. c. 1 n. 6, in: BUENAVENUTRA, t. 6, p. 353. Id. c. 2 n. 11, p. 359.

em sua perfeição não se dá de modo homogêneo, mas plural e gradual, de acordo com os carismas e conforme as possibilidades humanas. Neste sentido, cada membro fiel é chamado a experimentar um grau de perfeição mais conforme a sua medida e carisma.

"Mas os atos de Cristo são multiformes e vários e ainda quando em comparação com a pessoa de Cristo sejam todos perfeitos. Contudo, segundo a natureza de seu próprio gênero, uns são supremos, outros médios e outros são condescendentes..."[86].

Segundo o doutor seráfico, há três atos ou graus de perfeição, ou seja, o menor, o médio e o supremo segundo o seu gênero. Trata-se de uma mesma e única perfeição, porém com possibilidade de um transcender o outro[87]. Com efeito, somente no grau sumo alcançamos a mais nobre e sublime perfeição em Cristo. No entanto, para se alcançar o grau sumo, supõe passar pelo grau menor. Pois, um grau está incluído no outro, podendo acrescentar mais um. Todas as ordens e estados de vida na Igreja refletem a perfeição dos atos de Cristo. Porém, cada pessoa fiel a medida de suas possibilidades é chamada a abraçar determinada ordem ou estado de vida ou ministério, segundo o seu grau ou gênero de perfeição.

Mas o que significa perfeição, quem é perfeito e como essa tríplice graduação da perfeição evangélica afeta a vida dos fiéis peregrinos?

Declara o doutor franciscano que a caridade está no centro e no fundamento da perfeição evangélica. Pois, a mesma é

"a raiz, a forma, o fim, o complemento e o vínculo de perfeição, a qual reduz a Cristo, mestre de todos"[88].

Segundo a caridade, há também três estados de perfeição: um menor, que consiste na observância dos mandamentos legais; o médio, que consiste no cumprimento dos conselhos espirituais e o terceiro, o supremo, que denomina a fruição dos gozos sempiternos[89].

---

[86]Ap. paup. c. 2 n.10; Ibid. p. 371.
[87] Ibid. c. 3 n. 1, p. 381.
[88] Ap. paup. c. 3 n. 2, p. 381.
[89] Ibid.

A Sagrada Escritura também fala em três modos distintos de perfeição: uma de necessidade, segundo o livro do Deuteronômio[90]. A segunda é a perfeição de supererogação, segundo o evangelho de são Mateus[91]. E a terceira é a plenitude acabada, fim da vivencia da bem-aventurança.

Perfeito é aquele que vive segundo os mandamentos da lei divina e se afasta do pecado. Declara o doutor seráfico que a primeira parte da perfeição evangélica se encontra na superação do pecado que tem origem na relação humana desordenada aos três bens que são o exterior, o interior e o inferior, ou seja, segundo a concupiscência dos olhos, a soberba da vida e a concupiscência da carne, segundo são João evangelista[92]. O cristão deve evitar estes três atos não somente considerando a atitude e o consentimento, cujas virtudes são opostas, mas também quanto à sua ocasião. Isto promove ao mérito e facilita à salvação[93].

O segundo é aquele que segue o compromisso supererogatório do bem, em conformidade com a vida ativa e contemplativa. Esta consiste em duas coisas: na supererogativa caridade condescendente ao próximo e na elevação ou união da mente a Deus[94]. E o terceiro, consiste no supererogatório sofrimento na adversidade[95].

São Boaventura compreende este terceiro grau de perfeição como sobre-elevação paciente às adversidades, suportando os sofrimentos por causa do Reino de Deus e sobre-elevação na alegria porque somos movidos pelo amor divino. Além do mais, esta terceira resulta do desejo intenso, com grande anseio antecipado, movido pelo fervor de divino amor e que nos sobre-eleva com grande alegria, segundo declara o apóstolo são Tiago[96]. Esta última mais próxima a Paixão de Cristo alcança a consumação da perfeição e da caridade.

A primeira e a segunda perfeição se distinguem assim como a terceira se difere a exemplo do mérito do prêmio. Também a media se distingue da primeira como se

---

[90] Dt 2, 18, 13; Ibid. p. 381-383.
[91] Mt 4, 19, 21
[92] Ap. paup. c. 3 n. 5, p. 385. Cf. 1 Jo 2, 16.
[93] Ibid.
[94] Ibid. n. 6, p. 385.
[95] Ibid. n. 7, p. 385-387.
[96] Tg 1, 2 e 4; cf. também I Jo 4, 18.

distingue o conselho do preceito. E tanto os preceitos como os conselhos se referem ao cumprimento e a observância da caridade segundo o apóstolo[97]:

"'O fim dos mandamentos é a caridade que nasce de um coração puro, de uma boa consciência e de uma fé não fingida'".

Esta passagem sugere os três atos da caridade: evitar as coisas más, praticar as boas e sofrer pacientemente em meio às adversidades[98].

Por sua vez, estes três estados de perfeição correspondem interiormente ao tríplice ato da caridade que procede do hábito da virtude e que se especifica em três modos[99]: segundo a lei de preceito e obrigação; a lei dos conselhos evangélicos e a terceira, segundo a conformação a imagem de Cristo sofredor e crucificado. Esta primeira perfeição é básica e comum a todos porque necessária obrigatória e universal. A segunda, a lei dos conselhos evangélicos como obrigação espontânea e especial e que inclui o primeiro. Esta segunda compreende ao compromisso religioso dos que professam votos. A segunda inclui a primeira e acrescenta algo mais de acordo com possibilidade do fiel peregrino[100]. Daí porque o segundo estado que caminha junto com o primeiro se chama perfeito. Porém, a primeira em comparação a segunda é dita imperfeita[101]. Porém, não se trata de uma oposição moral ou ética, mas de uma distinção e graduação progressiva nos atos da perfeição cristã.

Segundo o doutor franciscano, perfeição significa conformidade do fiel peregrino com Cristo mediante aquele hábito de virtude, dom da graça, pelo qual supererogatoriamente o fiel se afasta das coisas más, se pratica as boas e se tolera nas adversidades[102]. Estas constituem as três partes da perfeição evangélica[103].

Portanto, a perfeição, resultado da ação supererogatória não se refere somente aos dons da graça, mas também ao exercício das virtudes, quer dizer, que essa perfeição não será alcançada sem o exercício concomitante do "habitus" da virtude. Esse habitus se refere à disposição interior, efeito da graça na pessoa. Trata-se de uma atitude

---

[97] Tim 1, 5.
[98] Ap. paup. n. 3, p. 383.
[99] Ibid. n. 4, p. 383.
[100] Ap. paup. c. 3 n. 4, p. 383.
[101] Ibid.
[102] Ibid.
[103] Ibid.

existencial e, ao mesmo tempo, ação da graça divina. Porque toda ação da graça supõe uma resposta existencial dos fiéis.

Todavia, esse exercício das virtudes supererogatórias pode acontecer: ou na pura vontade sem compromisso, então se diz certa perfeição do agir e do mérito – ou se dá em razão da disposição expressa, isto é, em referência ao compromisso acrescentado, o qual alguém faz voto ou cresce realizando um serviço, ou então se diz em relação à perfeição de algum estado e da ordem, que não somente se aplica a algum ato perfeito, mas também se compromete a realizar atos perfeitos[104].

Contudo, pensa o doutor seráfico que o alcance da vida em suma perfeição não é mero privilégio de alguns, mas se estende a todos os peregrinos, sejam leigos, clérigos ou religiosos.

5. A perfeição na vivência das bem-aventuranças

Em seu terceiro livro sobre as sentenças de Pedro Lombardo, o doutor franciscano explica que as virtudes nos levam de algum modo a perfeição[105]. Logo, há três graus de perfeição segundo as virtudes: uma perfeição suficiente (perfectio suficientiae); uma perfeição supererogatória (perfectio excellentiae); e uma perfeição de sobreabundância (perfectio superabundantiae). Na primeira para que haja perfeição bastam os exercícios dos hábitos das virtudes. Esta consiste em praticar as obras de preceito, necessárias à salvação. Na segunda, se alcança com os exercícios dos dons e que consiste na prática das obras de supererogação, pela observância dos conselhos evangélicos. E, finalmente, a terceira perfeição da sobreabundância, se alcança pelos hábitos das bem-aventuranças e que se caracterizam tanto pela prática dos preceitos como dos conselhos, e que compreende tanto o estado da vida ativa como a contemplativa.

As bem-aventuranças segundo o evangelho de Mateus[106] refletem esta perfeição ensinada por Cristo aos apóstolos[107]. Estas têm o seu princípio na pobreza e o seu fim

[104] Ap. paup. c. 3 n. 2-13, in: BUENAVENTURA, t. 6, p. 381-393.
[105] III Sent. D. 34 p. 1 a. 1 q. 3 ad 2 (III 742). Cf. OMAECHEVARRÍA, Ignacio. *Teología Mística de San Buenaventura,* in: BUENAVENTURA, Obras de San Buenaventura, t. 4, p. 45.
[106] Mt 5, 11ss.
[107] Ibid. c. 3 n. 8, p. 387.

no sofrimento e na perseguição[108]. Trata-se de um círculo que chega ao fim na bem-aventurança da perseguição e retorna a primeira.

Em sua obra "Brevilóquio", o autor reflete sobre a perfeição das bem-aventuranças de acordo com a efusão da graça do Espírito Santo. Para ser perfeito, o homem vivendo segundo a graça, deve receber os hábitos (habitus) de bem-aventuranças que são sete, conforme enumera Cristo, nosso Salvador, no sermão das bem-aventuranças[109]. Por sua vez, estes são a pobreza de espírito, a mansidão, o pranto ou choro, a fome de justiça, a misericórdia, a pureza do coração e a paz[110].

Estas bem-aventuranças são causa da perfeição e plenitude do ser humano. São hábitos de perfeição que nos aproximam do fim da bem-aventurança em Cristo. Nestas há suficiência, número e ordem que exprimem a integridade da perfeição, dos modos de perfeição e das disposições para a perfeição. No primeiro grupo, se exige por necessidade de um perfeito afastamento do mal, um perfeito aproveitamento ou adiantamento no bem e um perfeito repouso no sumo bem[111].

Por sua vez, os modos de perfeição compreendem aos sete hábitos das bem-aventuranças. Pois, existe a perfeição da religião (ou seja, das ordens religiosas ou consagradas), da prelazia (do clero) e da santidade interior (comum a todo cristão)[112].

Para que haja perfeição da religião se exige a renúncia dos bens privados, a aceitação do bem fraterno, que se deve cultivar e afeição aos bens eternos. Continuando a sua explanação, declara o doutor franciscano que para alcançar o propósito dessa perfeição, deverá haver pobreza em espírito, e em segundo, a mansidão ou benignidade de afeto e em terceiro, se alcança pela amargura do pranto (ou seja, pelo caminho da cruz ou do sofrimento).

Em relação ao estado de prelazia, que é a função dos clérigos, para alcançar a perfeição se exige duas coisas: zelo de justiça e sentimento de misericórdia. Os clérigos que são mediadores e pastores do povo devem promover a justiça e agir com

---

[108] *"Por fim, concluindo: 'Bem-aventurados os que padecem perseguição por causa da justiça porque deles é o reino dos céus', como que formando um círculo, volta ao princípio porque este único se completa a suma de todos e, através desta a perfeição do mundo menor no ser da reparação e da graça corresponde diretamente à produção senária da maquina mundial no ser da natureza".* Ap. paup. c. 3 n. 8, p. 387-389.

[109] Brev. p. 5, c. 6 n. 1, in: BUENAVENTURA, t. 1, p. 403.

[110] Ibid. n. 2, p. 403.

[111] Ibid. n. 3, p. 403-405.

[112] Ibid. n. 4, p. 405.

misericórdia. Acrescenta ainda o doutor seráfico que estas exigências devem ordenar na Igreja o regime de prelazia[113].

E, por fim, a perfeição da santidade interior se dá por necessidade. Então, deve haver da parte dos fiéis, a pureza de consciência e a tranquilidade total de alma pela paz de Deus, que excede toda sensação humana[114]. Tal é o fim da graça das bem-aventuranças.

Para a vivência da perfeição das bem-aventuranças, há sete "disposições", que são os sete dons do Espírito Santo[115]. O temor acentua são Boaventura cria em nós a disposição prévia para a pobreza em espírito. Por sua vez, esta é o fundamento de toda perfeição evangélica. Essa disposição nos afasta de toda origem ou raiz do pecado que está na soberba e na cobiça. Então, para se chegar ao cume da perfeição, é preciso se dispor ao fundamento de toda perfeição evangélica. Segundo o evangelho de são Mateus, esta pobreza perfeita absolutamente nada se reserva para si[116]. E quando se diz: "e segue-me", se refere a humildade pela qual o homem negando-se a si mesmo, toma a sua cruz e segue a Cristo, que segundo o doutor franciscano:

"é o fundamento principal de toda perfeição"[117].

Em seguida fala de outros dons que dispõem o discípulo às bem-aventuranças, ou seja, a piedade à mansidão; a ciência ao pranto; a fortaleza nos dispõe a fome de justiça; o conselho nos dispõe à misericórdia; o entendimento nos prepara a pureza de coração e a sabedoria nos dispõe a paz. Alcançar esta paz nos leva necessariamente ao deleite espiritual transbordante que se expressa nas doze fruições ou frutos do Espírito Santo. Este número bíblico doze é simbólico e significa abundância, isto é, trata-se da infusão exuberante de carismas espirituais com a qual se deleita e goza a alma santa. Deste modo, o fiel discípulo, através dos sentidos espirituais, se une pela contemplação a Cristo, Verbo encarnado e inspirado no coração, pelo qual, em ardente caridade

[113] Ibid.
[114] Ibid.
[115] Brev. p. 5 c. 6 n. 5, p. 405-407.
[116] *"Se queres se perfeito, vê e vende tudo o que tens e segue-me"*. Mt. 20, 21; cf. também Mt 16, 24. Ibid. nota de rodapé n. 5, p. 404.
[117] Ibid. c. 6 n. 5, p. 407.

através do êxtase e do rapto conduz nossa mente a passar deste mundo para elevar-se ao Pai[118].

6. A alma da perfeição segundo o hábito da virtude

Continua o doutor franciscano refletindo sobre o significado da perfeição cristã em sua Apologia dos Pobres segundo o gênero do estado de vida ou ordem, afirmando que se pode comparar perfeição com perfeição e nesta comparação se percebe que há um estado ou modo de vida mais eminente do que o outro. Assim se pode comparar que no estado de peregrinos há graus de perfeição assim como também no estado de pátria, onde os bem-aventurados já alcançaram a perfeição consumada. Em ambos estados um grau se antepõe a outro. No céu físico e espacial, por exemplo, podemos distinguir entre as luminárias os graus de claridade, seja maior ou menor. De modo semelhante acontece entre os justos no estado de glória. Aí também a claridade da perfeição não é homogênea.

Mas quais os critérios que mostram a excelência dessa perfeição na comparação entre os estados de vida?

Para o doutor seráfico, há uma perfeição de supererogação que consiste na realização interior da virtude seja na vivência do voto religioso ou no exercício da vida clerical. Mas não somente na virtude, que é a raiz da caridade mais fecunda e a sublimidade da operação mais elevada, mas também na ação. A eminência da perfeição também se encontra na nobreza da obra, declara. Porém, é a virtude que estabelece a verdadeira perfeição comum a todos os estados de vida. Porque não basta estar somente na ordem sem a prática da vida virtuosa. Segundo o doutor seráfico,

> *"a vida na ordem através do voto sem o exercício concomitante da perfeita virtude não há somente perfeição, mas também santidade simulada e, por consequência, um pecado maior. E o ofício da prelazia sem o coroamento de virtude e méritos não é verdadeira sublimação, mas expulsão; não gloriosa excelência, mas perigosa ruína..."*[119].

Com efeito, cada um segundo a sua medida e a graça ou carisma recebido alcança a perfeição cristã que se dá de modo tríplice e gradual. Na experiência da vida

---

[118] Ibid.

[119] Ap. paup. c. 3 n. 22, in: BUENAVENTURA, t. VI, p. 403.

cristã, no seguimento a Cristo, ao abraçar determinada ordem ou estado de vida, há também graus de perfeição. Contudo, um grau de perfeição é maior do que o outro. Essa perfeição é imbuída e regida pela caridade de Cristo. Neste sentido, quanto mais nos aproximamos da vida humana de Cristo, mais a ordem ou estado de vida se torna perfeita. E, assim, conforme nossa virtude interior, somos conduzidos a viver perfeitamente o evangelho. Por sua vez, são Francisco de Assis, pensa o doutor seráfico, é o "ícone" ou "modelo" da vida do discípulo perfeito[120].

Por conseguinte, os atos de Cristo correspondem aos carismas da graça, segundo o doutor seráfico. Por sua vez, os carismas visibilizam ou exteriorizam os atos de Cristo na vida do cristão, e em última análise, nos conduzem à perfeição da bem-aventurança em Cristo. Os carismas doados na gratuidade do amor divino têm o propósito não somente de continuar a obra de Cristo, mas também nos conformar a perfeição da imagem de Cristo segundo a humanidade de sua vida evangélica.

A doação dos carismas na missão do Filho e do Espírito Santo supõe sempre o chamado de Deus, a graça e a liberdade do ser humano. Deus chama e conforme a nossa resposta nos concede a sua graça para que possamos efetivar nossa vocação no seguimento de Cristo.

7. Carismas, conformação à imagem de Cristo

Não se compreende bem o significado teológico dos carismas, e o seu alcance na Igreja sem a consideração de sua teologia mística. Em muitos de seus escritos, especialmente místicos o doutor franciscano reflete a teologia dos carismas. Os carismas estão associados intimamente à vida mística do povo peregrino e fiel.

Com efeito, os carismas, segundo o doutor franciscano, são pensados na perspectiva do itinerário do homem para Deus, conforme nos descreve em sua obra, intitulada *"Itinerarium mentis in Deum"* ou em sua outra *"Tríplice Via"*.

Para são Boaventura, cada membro fiel da Igreja é um pobre peregrino na fé, esposa de Cristo, que na terra está a caminho da glória do céu. Conformando-se a Cristo deve realizar a sua páscoa, isto é, passagem deste mundo para o Pai. O fiel é alguém que pela fé e a caridade está em transito rumo à Pátria definitiva. As figuras e as passagens

[120] Ibid. n. 10, p. 389-391.

bíblicas, especialmente do livro do êxodo, citadas pelo doutor franciscano, simbolizam claramente esta dinâmica do povo de Deus no tempo da lei da graça ou da Igreja.

Daí porque cada fiel é chamado à conformação a Cristo num processo de "deiformização". Cristo possui em si mesmo três atos hierárquicos que aperfeiçoam o homem, tornando-o semelhante a Deus, isto é, deiforme. A assimilação da humanidade à pessoa de Cristo é a condição para nos assemelharmos a Deus[121].

O homem busca neste caminho temporal ou histórico em movimento de conformação a Cristo pela graça chegar ao prêmio da bem-aventurança. Neste sentido, os carismas da graça têm finalidade escatológica. Segundo o doutor franciscano, essa felicidade evangélica consiste em última análise na "paz", no "amor" e na "verdade" que devem acontecer não somente após a morte, mas já no momento atual[122]. Trata-se do prêmio ou da meta alcançada através da contemplação mística, estágio final ou consumação da perfeição[123]. Neste sentido, o terceiro grau da perfeição evangélica constitui ao mesmo tempo a concessão do prêmio da felicidade ou bem-aventurança, consumação de todos os desejos da alma.

Em sua obra "Apologia Pauperum", declara:

"A alma do varão perfeito se faz conforme a Jerusalém, que quer dizer visão de paz"[124].

No entanto, para se chegar a este fim, de modo progressivo, a pessoa fiel deve passar por três vias: purgativa, a alma rejeita o pecado; iluminativa, a alma imita Cristo; e unitiva, a alma acolhe o esposo, ou seja, a alma cheia do Espírito se deixa transportar para a união inefável com Deus. São três operações distintas e uma só progressividade na vida[125].

Na busca do ser humano pela bem-aventurança eterna, Cristo constitui o fundamento, o modelo e a norma desse processo pessoal de conversão, iluminação e

---

[121]AMBROGIO, Nguyen Van Si. *Seguire e Imitare Cristo secondo san Bonaventura.* Milão: ed. biblioteca francescana, 1995, p. 109-110.

[122] Trip. via c. 3 p. 1 (preâmbulo) n. 1, in: BUENAVENTURA, t. IV, p. 143.

[123] Ibid. Declara o doutor franciscano que pela meditação e oração se alcança a contemplação para assim poder chegar a verdadeira sabedoria, na qual nossa alma é transportada a celestial Jerusalém, cuja semelhança a Igreja já está formada. Trata-se da perfeição do prêmio, isto é, a possessão eterna da paz suma. Essa paz acontece quando há o esplendor da verdade e a doçura da caridade. Essa possessão é a fruição beatífica de Deus, antecipação da glória, enquanto possível nesta vida.

[124] Ap. paup. c. 3 n. 22, in: BUENAVENTURA, t. VI, c. 3 n. 8, p. 387.

[125]Ibid.

imitação. Na ordem da salvação, no mistério da encarnação, Ele é o nosso "meio", "mediador" e "exemplar" por excelência. Em outras palavras, cada um de nós pela fé é chamado ao seguimento e a imitação de Cristo. Com efeito, esta imitação diz respeito mais concretamente à humanidade de Cristo, ou seja, ao seguimento do Cristo pobre e crucificado[126].

Nesta perspectiva da graça e da espiritualidade ou da mística se entende os carismas como assimilação a Cristo em sua forma de vida que se dá gradualmente em estados e ordens diversos segundo os dons recebidos[127]. Os carismas nos são dados para que possamos realizar no tempo o processo de transformação interior em Cristo, e, por fim, alcançarmos nossa "deiformização", finalidade da bem-aventurança.

Os carismas nos dispõem ao seguimento de Cristo. Insere cada cristão num itinerário de vida evangélica. São Boaventura não pensa os carismas como mero status social ou poder temporal, mas como serviços ou formas de vida que devem conduzir homem e mulher na Igreja segundo a graça à perfeição evangélica. Por conseguinte, considerando a variedade e as diferenças do povo de Deus que é a Igreja, todos são chamados a seguir Cristo, porém não da mesma maneira, mas conforme os carismas infundidos pelo Espírito Santo.

8. Os carismas, dons do Espírito Santo

Qual o papel do Espírito Santo na disposição dos carismas na vida cristã e qual a sua relação com os estados de vida e ministérios na Igreja, corpo místico de Cristo?

Estes carismas são dados no tempo do Novo Testamento, com a efusão do Espírito Santo[128]. Segundo o doutor franciscano, o papel do Espírito Santo é fundamental. Os dons e carismas são concedidos pelo Espírito Santo, em sua missão visível, sem distinção, seja homem ou mulher, leigo, clérigo ou religioso. Neste sentido, todos os membros do corpo místico são tocados pela graça dos carismas e chamados a participar dessa perfeição da graça, da beleza e sabedoria de Cristo. Assim como toda criação é bela, são os santos carismas que adornam a beleza da Igreja militante, mais

---

[126] Seguindo a cristologia de São Bernardo, e considerando a sua espiritualidade franciscana, o doutor seráfico aprofunda sua devoção à humanidade de Cristo. AMBROGIO, Nguyen Van Si. *Seguire e Imitare Cristo secondo san Bonaventura*, p. 32-34.
[127] Ibid., 112-114.
[128] Hex. c. 15 n. 28, p. 487; c. 16 n. 6, p. 473.

ainda a da Igreja triunfante ou Jerusalém celeste e de modo supremo a Trindade santíssima e beatíssima[129].

O Espírito Santo em sua missão de edificar a Igreja no mundo concede variedade de dons, carismas e ofícios:

"Tratando-se de um corpo perfeito (corpo místico) devem existir nele não só diversos membros, mas também diversos ofícios, segundo os diversos membros e diversos carismas de modo que um recebe do Espírito Santo o dom de falar com profunda sabedoria; outro recebe do mesmo Espírito o dom de falar com muita ciência..."[130].

A variedade de membros e ofícios corresponde a diversidade de carismas. Por sua vez, os carismas na vida da Igreja se referem ao aspecto interior e exterior, ensina o doutor franciscano. É dom interior do Espírito, mas ao mesmo tempo ação que se manifesta visível e exteriormente nos ministérios, nos estados ou forma de vida e nas diversas atividades resultantes da vivência do dom da caridade.

"... nos diversos membros de Cristo há diversidade de carismas de graças não só quanto aos dons interiores, mas também quanto aos ministérios exteriores; não só quanto ao hábito, mas aos estados; não só quanto à perfeição da caridade na alma, mas também à beleza e ao esplendor na atividade..."[131].

Segundo são Boaventura, graças à ação do Espírito Santo há na Igreja variedade e ordem que refletem a perfeição da caridade divina, o seu esplendor e sua beleza. Toda ordem, perfeição, caridade e beleza que há na Igreja não resulta dela, mas de Deus mesmo. Trata-se da conformação, fruto da imitação sobrenatural da ordem que reina na Trindade. Tudo isso é obra do Espírito Santo que une a Igreja a Cristo e a modela segundo Cristo.

Como *"hierarca largifluus"*[132], o Verbo encarnado, fonte inefável e doadora da graça, em sua imensa condescendência para conosco, no mistério de sua Paixão, desceu até nós, nos concedendo o Espírito Santo. Com efeito, não somente o Filho, mas também o Espírito Santo em sua missão visível ou invisível realiza a "Kenosis" ou

---

[129] Brev. Prol. § 3 n. 3, in: BUENAVENTURA, *Obras de San Buenaventura*, p. 181.
[130] 1 Cor. 12, 8-11. Brev. p. 4, c. 10, n. 8, p. 375.
[131] Brev. p. 7, c. 7, n. 5, in: BUENAVENTURA, p. 533-535.
[132] Hex. c. 3 n. 19, p. 245.

abaixamento ao nível humano das criaturas, efetivando o mistério da encarnação, nos concedendo a salvação. Deste modo, conforme à ação do Espírito Santo, a encarnação redentora do Verbo se realiza na vida dos fiéis, se visibilizando na concretização dos carismas.

Declara o doutor seráfico que após a sua ressurreição e ascensão, o Senhor realiza a sua promessa nos enviando o Espírito Santo. E, por consequência, manifesta e visibiliza a sua Igreja no tempo mediante a distribuição de inúmeros e abundantes carismas[133].

De Cristo cabeça e com o Espírito Santo se difunde os carismas sobre os membros da Igreja. A riqueza e variedade desses carismas é ação conjunta de Cristo e do seu Espírito. Em Cristo, Verbo encarnado, em sua Paixão nos alcançou por seus méritos a nossa redenção e, por conseguinte, realizou a sua promessa nos concedendo o Espírito Santo no dia de Pentecostes. O derramamento do Espírito Santo que com Cristo humildemente se abaixa a nós, fazendo morada em muitos, é expressão sublime do amor de Deus pela humanidade.

Outrora, Cristo havia comunicado o Espírito Santo para santificar os seus membros. Hoje o Espírito nos é derramado para edificar a "Jerusalém terrestre", ou seja, a Igreja militante.

Em Pentecostes, o Espírito Santo é dado "em plenitude" e "visivelmente"; de modo que Ele desceu sobre a Igreja para congregá-la e santificá-la[134]. À ação de Cristo segue a missão do Espírito Santo. Portanto, se em Cristo há unidade, no Espírito há diversidade na Igreja.

Assim como em Cristo nos veio a graça, pelo Espírito Santo nos é dado os carismas (charismata). Com efeito, se somente uma é a cabeça (Cristo), da qual recebemos a graça, por sua vez muitos são os carismas e dons, virtudes do Espírito Santo.

---

[133] Cf. BERRESHEIM, Heinrich. *Christus als Haupt der Kirche nach dem heiligen Bonaventura. Ein Beitrag zur Theologie der Kirche.* Münster: Antiquariat Th. Stenderhoff, 1983, p. 179.

[134] BERRESHEIM, Heinrich. p. 191.

O envio do Espírito Santo no dia de Pentecostes tem um significado muito importante, segundo são Boaventura,visto que através de sua efusão a Igreja foi fundada[135]:

"... pela descida do Espírito Santo vindo do céu a Igreja foi fundada"[136].

Deste modo, esse envio no dia de Pentecostes é como que a etapa definitiva do itinerário para a fundação da Igreja. Também se dá neste momento a ação fundante da cabeça (Cristo) porque realiza o seu princípio efetivo, ou seja, o seu aperfeiçoamento. Pois, através do envio do Espírito se "aperfeiçoa" a fundação da Igreja[137]. Com efeito, a terceira Pessoa está presente na cabeça, Cristo e age com a cabeça na fundação da Igreja. O Espírito Santo está e consolida a fundação da Igreja.

Tal aperfeiçoamento, que é missão visível do Espírito em continuidade com a missão redentora do Filho não é somente acontecimento "interior", mas também manifestação visível da Igreja. Trata-se da ação do homem no tempo, colocando-se a serviço da Igreja e do Reino de Deus. Enquanto Cristo funda a Igreja, o Espírito Santo com os seus carismas a ordena ou a hierarquiza, aperfeiçoando-a. Deste modo, é o Espírito Santo que faz crescer a Igreja.

Cristo é a cabeça do seu corpo místico porque segundo a Escritura dele fluem todos os sentidos e movimentos espirituais e os carismas das graças. No fluir da graça acontece verdadeira incorporação sobrenatural da criatura ao corpo místico de Cristo. Daí porque os fiéis pelo batismo e pela participação na Eucaristia nunca estão separados, mas unidos a Cristo. Portanto, todos são afetados pelo influxo da graça porque estão unidos ao corpo, não separados. Por conseguinte, os carismas são dados aos membros do corpo místico pela difusão do Espírito Santo:

"Difunde, pois, o Espírito Santo sobre os membros da Igreja, unidos com ele (Cristo) não separados"[138].

---

[135] BERRESHEIM, Heinrich, *p.* 179.
[136] Sermo I in Festo Circum. Dom. (IX 135b), in: BONAVENTURAE. *Opera Omnia.* t. IX. Ad. Claras Acquas (Quaracchi), 1901, p. 135 b.
[137]BERRESHEIM, Heinrich. *p.* 179.
[138]Hex. col. 1 n. 20, in: BUENAVENTURA, *Obras de San Buenaventura*, t. III, Madrid: BAC, 1947, p. 191.

O Espírito Santo realiza o crescimento da Igreja não somente incorporando novos membros, mas concedendo carismas e dons, fazendo da Igreja organismo vivo, sinal da continuidade da presença de Cristo ressuscitado no mundo.

9. A efetivação da graça dos carismas

São Boaventura concebe a Igreja como realidade orgânica e ordenada pelo Espírito Santo. Ele habita em muitos realizando uma unidade perfeita. Para que haja unidade orgânica ou organização vital e integração no corpo místico é necessário a graça especial do Espírito Santo que se efetiva em duplo modo: através da *"gratia gratum faciens"* e da *"gratia gratis data"*[139].

Através da "gratia gratum faciens", o Espírito Santo atua em nossas atitudes para a nossa salvação, nos incorporando ao corpo místico. Trata-se da missão invisível do Espírito Santo. Por sua vez, na atuação da "gratia gratis data" é conferida aos membros poder especial a alguns ofícios em vista do exercício de um ministério eclesial[140]. Essa graça é concedida através da missão visível (missio visibilis) do Espírito Santo. Ela é também chamada de "carismas", ou seja, um hábito sobrenatural pelo qual um membro do corpo místico está subordinado a outro membro, recebendo dele poder espiritual[141]. Enquanto a primeira é dada para nossa salvação, a segunda é dada em favor do outro na Comunidade.

O doutor franciscano no contexto de seus comentários às sentenças de Pedro Lombardo compreende os carismas, em contexto clerical, como graça concedida a alguns homens justos para o exercício do ministério na Igreja[142]. Entretanto, em sua obra Apologia dos Pobres (Apologia Pauperum) e também em outras alarga a compreensão eclesial dos carismas como graça comunicada não somente aos clérigos, mas também aos leigos e aos religiosos segundo a sua ordem e graduação[143].

---

[139] IV Sent. d. 7 a. 1 q. 3 ad 2 (IV 168). Cf. SILIC, Rufin. *Christus und die Kirche, IhrVerhältnisnach der Lehre des Bonaventura.* Breslau: Verlag: Müller &Seiffert, 1938, p. 138-139.

[140] IV d. 24 a. 2 q. 1 ad 4 (IV 615 b).

[141] IV Sent. d. 24 p.1 a. 2 q. 1 ad 4 (IV 615 b).

[142] Cf. SILIC, Rufin. *Christus und die Kirche, nota de rodapé n. 50, p. 138.*

[143] O quarto livro das sentenças ao mestre Pedro Lombardo (Scriptum in IV Sent.) constitui um dos quatro volumes de sua primeira síntese teológica para obter título de mestre na Universidade de Paris, uma de suas primeiras obras que foi escrita aproximadamente entre 1252 e 1253, enquanto a Apologia Pauperum que reflete o conflito com o clero secular e a defesa da vida evangélica como estado de vida das ordens mendicantes, foi escrita em 1269. Cf. BOUGEROL, J. G. Introduzione Generale, in: *Opere di San Bonaventura,* Roma: Città Nuova Editrice, 1990, p. 89-90.

Distinguindo-se em membros distintos todos eles procedem de Cristo, são a Ele ordenados, formando por meio deles a organização do corpo místico.

O Espírito Santo é a origem de todos os dons, que derramou em Pentecostes a *"plenitude dos dons da graça"* sobre o corpo místico, conduzindo-o a perfeição. Assim como acontece em um corpo perfeito no qual há muitos membros e ofícios diversos assim também mediante a graça do Espírito Santo na Igreja. A ela é dada possuir na unidade da fé e da caridade diversos membros, que recebem, por conseguinte, ofícios, estados de vida e atividades conforme medida de cada um.

Com efeito, no exercício desses ofícios externos, os carismas se fundam em diversos dons interiores. E, por sua vez, cada dom recebido interiormente, se manifesta visivelmente em ofícios, ministérios ou estados de vida. Neste sentido, se compreende o significado do "carisma" segundo são Boaventura. Os carismas têm um aspecto vertical, porque é graça dada interiormente, e um aspecto horizontal, porque manifestação visível no tempo.

Na distribuição dos carismas, o Espírito faz crescer a Igreja, continuando a obra que foi iniciada por Cristo. O Espírito Santo com os seus carismas é o princípio orgânico do corpo místico. Habitando em nós confere coesão ao corpo místico através de seus carismas, configurando uma unidade orgânica.

Em cada membro que exerce a sua atividade na Igreja se dá a mediação do Espírito Santo. Por exemplo, quando Cristo ordena a Pedro que apascente o seu rebanho, fundando a Igreja em seu ministério visível, assim também o Espírito Santo em Pentecostes aperfeiçoa a obra que Cristo iniciou quando concedeu a Pedro o carisma para exercer o seu ministério[144]. A Simão Pedro é dado o carisma de governar e conduzir toda a Igreja.Tal carisma pela assistência do Espírito Santo realiza a obra de Cristo, sendo conduzido a sua perfeição.

O mesmo acontece na constituição do ministério dos apóstolos. Assim como outrora foi estabelecido como fundamento da Igreja, os patriarcas e profetas, no Antigo Testamento, hoje pela ação do Espírito Santo, Cristo constitui os apóstolos. Deste modo, lhes é dado dom especial de apascentar a Igreja continuando a missão de Cristo.

---

[144]Ibid. 191.

Através dos Apóstolos é fundado os diversos ministérios, estados de vida e ofícios na Igreja.

O Espírito Santo é o princípio vital da Igreja. Ele faz com que cada membro viva e participe da vida do corpo eclesial pela fé, pela caridade e pela sua ação mediante os sacramentos. O Espírito habita cada pessoa e lhe concede a virtude da caridade. Sua presença interior não suprime nossa personalidade, mas supõe nossa liberdade e resposta existencial.

São os carismas que estimulam e capacitam para a atividade concreta de cada membro na edificação da Igreja. Os carismas não estão necessariamente associados a algum ministério ordenado. Pode estar associados a uma forma de vida ou serviço que não seja distribuição dos sacramentos. Pode por exemplo estar ligado à práxis da caridade na sociedade civil ou a vida que expresse testemunho. Entretanto, todos de algum modo constituem uma mediação da presença e atuação de Cristo no mundo.

10. O Espírito Santo ordena a Igreja

Na distribuição dos carismas, ação do Espírito Santo, a Igreja é "ordenada"[145].

Cristo, Verbo encarnado e crucificado, em sua infinita misericórdia e condescendência, se abaixou vindo até nós nos concedendo carismas da graça, declara o seráfico doutor. Esse abaixamento, cujo coroamento se dá no acontecimento da cruz é expressão máxima de seu amor que humildemente se abaixa e se doa para a nossa salvação.

É necessário então e exigente que, hoje, o Espírito Santo em sua missão visível, distribua e ordene esses carismas, visibilizando os ofícios e atividades dos membros do corpo místico[146].

O Espírito Santo é o princípio ordenador do corpo místico. A Igreja é assim formada mediante a descida dos carismas no envio do Espírito Santo visto que cria a unidade dos membros que pela graça de Cristo foram incorporados, fazendo da variedade e distinção organismo vivo subordinado a Cabeça. Por conseguinte, a Igreja cresce e se desenvolve ordenadamente.

---

[145]Cf. BERRESHEIM, Heinrich. p. 190-191.
[146]Ibid.

Segundo são Boaventura, essa ordenação resulta da bondade, da previdência e da sabedoria divina. De modo que nela não reina confusão, mas beleza, distinção e ordem[147].

Segundo o doutor seráfico:

"...(Cristo) enviou aos apóstolos o Espírito Santo..., cuja obra é congregar a Igreja dos gentios e ordená-la segundo as diversas distribuições de ofícios e graças"[148].

Os carismas, dons ou estados de vida são pensados a partir de uma graduação hierárquica. Trata-se da ordem na Igreja, caracterizada pela diversidade e unidade de graus hierárquicos que devem ser estáveis, sólidos e imóveis[149].

Pela recepção dos sacramentos da fé, a Igreja é ordenada ou hierarquizada pela assistência do Espírito Santo. Neste sentido, há sacramentos instituídos somente como remédio das enfermidades e outros não somente para este fim, mas também para estabelecer, distinguir e ordenar os graus hierárquicos da Igreja. As enfermidades podem variar; podem ser curadas ou voltar novamente. Porém, os graus da Igreja devem ser estáveis. Daí porque há sacramentos instituídos para ordenar na Igreja os graus hierárquicos, os diversos estados da fé, necessários para que produzam efeitos permanentes. Esses sacramentos são o batismo, a confirmação e a ordem.

Eles imprimem sinais indeléveis, chamados "caracteres" que não podem ser repetidos ou renovados. E estabelecem uma graduação permanente na Igreja. De modo que todo povo de Deus é "hierárquico"[150]

---

[147] IV Sent. d. 24 p. 1 q. 1 concl. (IV, 614); cf. também: Hex. c. 8 n. 12, p. 343: *"... a distinção sem ordem é confusão"*.
[148]Brev. 4, c. 10, in: BUENAVENTURA, t. I, p. 371.
[149]Brev. 6, c. 6, n. 3-5, in: BUENAVENTURA, t. I, p. 457.
[150] Essa visão eclesiológica é pensada à luz da concepção de Dionísio Aeropagita, antigo Padre da Igreja Oriental, cujo pensamento filosófico-teológico é de influência neoplatônica. Nesta linha, a Igreja é pensada de forma "hierarquizada"; organismo vital hierarquizado. Quer dizer, a perfeição é vista a partir do "sumo" que é o "uno", o qual participa do movimento de "exitus" (saída) para se chegar ao uno num movimento de "reditus" (retorno) e de re-condução à unidade no qual o ser múltiplo encontra o seu bem. Para Dionísio o Bem deve se realizar de forma hierárquica ou hierarquizada. Tal visão tem a sua base bíblica no Evangelho de São João que muitas vezes usa a expressão "do alto" e também "de baixo". Duplo é também o movimento da Trindade na comunicação de sua graça: uma é a descendência ou descida, que dizer, encarnação ou humilhação e a outra descendência ou a subida da graça que conduz tudo à fonte da Vida. Cf. ROVAI, José. *La Iglesia y la existência Cristiana em la teologia de san Buenaventura,* segunda parte, Buenos Aires: Facultad de Teología de La Pontificia Universidad Católica, 1977, p. 54.

Neste sentido, pelo batismo é gerado o estado daqueles que são recém-nascidos na fé, estabelecendo a distinção entre o povo de Deus e o povo pagão. Por sua vez, o sacramento da confirmação fortalecendo a confissão de fé do batizado distingue no seio do povo de Deus, aqueles que são fortes ou fracos na fé. E finalmente, o sacramento da ordem, confere a fé multiplicada e, por conseguinte, distingue no interior do povo de Deus, os clérigos e os leigos. Portanto, não somente os clérigos, mas também os leigos são inseridos na ordem e na dinâmica dessa hierarquia. Participam também sem dúvida nenhuma dessa organização hierárquica do povo de Deus os religiosos, cuja ordem seráfica tem um lugar especial.

Com efeito, Cristo, na qualidade de cabeça da Igreja, e que possui em Si mesmo a plenitude dos carismas das graças, é o fundamento de toda atividade hierárquica, mediante o qual cada fiel caminha para a pátria celeste que é Deus mesmo[151]. Além disso, Cristo é o fundamento e a unidade dos mesmos. Enquanto cabeça é hierarca supremo.

Por conseguinte, essa unidade se reflete visivelmente na Igreja militante no ministério de Pedro, ou seja, naquele do sumo pontífice[152]. O ministério petrino é o ministério por excelência; é a visibilização do Cristo cabeça na terra e, por conseguinte, sinal de unidade de todos os carismas e ministérios. Toda atividade da Igreja encontra nele sua origem e unidade visível.

A caridade, que é dom do Espírito Santo, rege a diversidade dos carismas, dos membros, da organização, do governo, das influências de modo que nenhum membro seja excluído, mas unidos num só corpo. Essa compreensão da comunhão e da unidade no corpo místico, expressão da caridade também não exclui o ministério do governo ou da presidência de um sobre o outro. Esses ministérios são necessários para a harmonia, o crescimento e a unidade do povo de Deus.

São Boaventura afirma o seguinte:

"Ao que se objeta que o direito natural dita que se deve guardar a caridade, se diz que conforme a perfeição do corpo vivo se requer complexão equilibrada ao qual todos os membros são conformados e, por conseguinte, em organização multiforme no

---

[151]AMBROGIO, Nguyen Van Si, p. 108

[152]Perf. ev. c. 4 a. 3 n. 16, in: BUENAVENTURA, t. VI, Madrid: BAC, 1949, p. 301.

qual os membros se distinguem e se ordenam e segundo sua diversa influencia se sobrepõem uns aos outros. Neste sentido se compreende o corpo místico de Cristo. E assim a unidade que resulta da caridade não exclui carismas multiformes nem dignidades nem ofícios diferentes, segundo os quais um membro deve de sujeitar ao outro e governa-se por outro..."[153].

Em sua última obra, Hexaemeron (os seis dias da criação)[154], são Boaventura compreende a hierarquia eclesial de forma mais ampla, mais além daquele universo restrito aos ministros ordenados e a jurisdição na Igreja. Percebemos então que o conceito de hierarquia em são Boaventura, à luz de sua teologia simbólica, mística e propriamente dita, não se dá em vista de uma estruturação ou conquista de poder, mas de uma graduação ordenada que permita o crescimento da Igreja e de cada membro no exercício de sua função no seguimento a Cristo para se chegar à perfeição evangélica.

Aplicando em sua eclesiologia a visão dionisiana de hierarquia, são Boaventura numa compreensão histórica, típica de seu pensamento, que herda especialmente de Alexandre de Hales, seu mestre, de santo Agostinho e de Hugo de São Vitor[155], considera os carismas de todos os membros da Igreja, sejam leigos, clérigos ou religiosos. Cada membro da Igreja é chamado a cooperar segundo o seu carisma e a sua ordem na edificação da Igreja.

Todavia, o modelo máximo de perfeição dessas ordens distribuídas quanto ao seu crescimento histórico ou ministérios ou estados de vida é a ssma. Trindade. Abaixo dela encontramos a hierarquia angélica. A Trindade não é só modelo, mas também influi continuamente com a sua graça sobre a Igreja terrena ou militante. Portanto, os carismas devem ascender àquela ordem, cujo modelo supremo é a Trindade. Com efeito, o mistério trinitário constitui a origem, a ordem e o fim dos carismas e ministérios. Mediante Cristo, eles continuamente procedem e retornam a Trindade.

São Boaventura percebe duplo movimento da Trindade resultado do mistério da encarnação de Cristo: "descender" e "ascender"[156]. No movimento de descendência, fruto de sua condescendência, a Trindade influi dons, virtude e carismas da graça sobre

---

[153]De Perf. ev. q. 4, a. 1 n. 6, in: BUENAVENTURA, t. VI, p. 261.
[154]Hex. 22, n. 3 - 23, in: BUENAVENTURA, t. III, p. 609-621.
[155]AMBROGIO, Nguyen Van Si. *Seguire e Imitare Cristo secondo san Bonaventura*, p. 34-36.
[156] Para melhor aprofundamento desta questão cf. HELLMANN, J. A. *Divine and created Order in Bonaventure's Theology*, tr. ing., New York: the Franciscan Institute San Bonaventure, 2001, p. 129-150

a Igreja na terra; no movimento de ascendência, se dá a "reductio" ou retorno a unidade do Pai.

Pensa são Boaventura, que a pessoa do Pai na ordem da Trindade é a unidade, o primum e o ultimum da vida, da graça e de todas as coisas. Assim no exercício dos carismas da graça que na terra produz os seus frutos e progride no tempo e é ordenada pela ação do Espírito Santo, retornando ao Pai. Cristo, por sua vez, está no meio da ordem da Trindade, da angélica, da Jerusalém celeste e da terrestre. Entre elas não há justaposição, mas em Cristo há unidade, intercambio e comunicação.

Com efeito, todas as hierarquias ou ordens, segundo São Boaventura, estão inseridas no movimento do mistério da encarnação do Senhor. Em Cristo, elas estão sempre descendendo e ascendendo; se abaixando e se elevando, num movimento contínuo de saída e de retorno a Deus. Tal movimento leva a ascensão ou deiformização da Igreja militante na terra. Neste sentido, Deus está sempre em movimento, presente e atuando seja no céu ou na terra, na Igreja celeste ou na Igreja militante. Deste modo, a Trindade está conosco e nós na Trindade, através da efetivação dos carismas.

11. Relações mútuas entre os carismas

Nas ordens os membros do corpo místico estão em continua "relações mútuas"[157]. Não se trata somente de relações de governo ou presidência, de ordem e obediência, mas também de partilha e colaboração mútua entre todos os membros. Porque cada um conforme o seu carisma possui uma luz própria para ser compartilhada. A ordem ou hierarquia segundo o doutor seráfico significa um verdadeiro intercambio de dons entre o céu e a terra que permite o crescimento espiritual da Igreja. Segundo ele se trata de uma nova "escada de Jacó"[158], onde as luzes adquiridas por cada um sobem e descem uns sobre os outros. Nessa descida e subida em ordem tríplice e gradual também participam os anjos que abaixo da perfeição da Trindade também influem sobre nós com as suas luzes.

Também a ordem da hierarquia celeste ou Jerusalém do céu, seguindo o movimento da hierarquia incriada ou da Trindade, desce a terra originando e ao mesmo

---

[157] TAVARD, G. *Sucession et Ordre dans la Structure de l'Eglise*, in: S. Bonaventura, t. IV. Roma: Collegio S. Bonaventura, Grottaferrata, 1974, p. 437-438.

[158] O próprio Cristo é chamado pelo doutor franciscano de "escada de Jacó" (Gn 20, 12) que no mistério de sua encarnação une o céu e a terra, estabelecendo a ordem hierárquica universal. Cf. Brev. Prol. § 3, n. 2, in: BUENAVENTURA, Obras de San Buenaventura, t. I, p. 181. Itin. c. 1 n. 9, in: Ibid. p. 571.

tempo iluminando a Igreja na terra. Tal é a origem e a meta da Igreja militante, dela procede e para ela aspira à perfeição. Ela é o modelo de Igreja a ser alcançado pelos peregrinos na terra. A Igreja militante almeja chegar com as luzes de seus carismas à unidade, à caridade e a paz já alcançada na Jerusalém celeste.

Portanto, a Igreja militante é aquela que sempre procura ascender à ordem da Jerusalém celeste. Com efeito, toda ordem celeste, cuja fonte, meio e fundamento, fim e se encontram na ordem trinitária fluem as suas luzes sobre a Igreja peregrina na terra para que possa alcançar a vitória pascal da unidade e da paz.

O doutor franciscano ressalta igualmente as relações entre ordem angélica e a ordem militante ou peregrina na terra. Em seu sermão sobre os anjos "De Sanctis Angelis"[159], são Boaventura pensa a hierarquia eclesiástica em sua profunda relação com a hierarquia angélica. A Igreja na terra no exercício de seus carismas e ministérios deve ascender à ordem angélica.

O encontro ou o diálogo destas duas ordens faz crescer a Igreja a caminho. A ordem angélica influi com as suas luzes sobre a Igreja na terra, configurando progressivamente os carismas e serviços da Igreja. Deste modo, a Igreja militante encontra na hierarquia angélica "luzes" que a permitem realizar a sua missão.

O Espírito Santo configura a hierarquia angélica à hierarquia eclesiástica. Por conseguinte, os anjos segundo a sua ordenação hierárquica fluem carismas da graça hierarquizando a Igreja. Tal hierarquização, por sua vez, configura a Igreja combatente a perfeição da vida trinitária. Com efeito, a graça da hierarquia celeste, ou seja, da Trindade é comunicada através da hierarquia angélica à Igreja na terra, que concede carismas, fazendo-a crescer abundante e ordenadamente.

Os carismas, afirma o santo doutor são semelhantes à chuva que cai do céu e que fecunda e molha a terra da Igreja. Por sua vez, os carismas têm a propriedade de germinar a obra do salvador na terra. Tal obra é a Igreja universal ou a salvação do universo. Essa germinação da terra é abundante e produz muitos frutos. Assim como a terra molhada pela chuva brota a erva, os carismas no chão da hierarquia eclesiástica germinam os "presidentes", os "contemplativos" e os "ativos". São estes carismas da graça que dilatam a Igreja.

---

[159]Sermo I, in: BONAVENTURAE, *Opera Omnia*, t. IX, p. 613.

Essa germinação se dá de modo ordenado. Assim, os presidentes que correspondem ao Principado angélico, exercem o seu ofício pelo exemplo que edifica. Os contemplativos correspondem à ordem dos arcanjos, e ensinam a palavra conforme lições de virtudes e, finalmente, os ativos, correspondem à ordem dos anjos, exercem na Igreja obras de piedade, ajudando com auxílios temporais.

Afirma s. Boaventura no sermão sobre a hierarquia angélica:

"bom é nutrir com auxílios temporais; porém, melhor é ensinar a palavra com lições de virtude. Todavia, bom e ótimo é educar segundo exemplo perfeito"[160].

As formas de vida segundo o doutor franciscano são progressivas; elas tendem a nos conduzir a perfeição.

E, por fim, segundo o doutor franciscano, os ofícios ou estados de vida quando exercidos de forma virtuosa e interior são frutuosos. E fazem progredir a Igreja no tempo.

12. Crescimento ordenado dos carismas na história

Os carismas fazem crescer ordenadamente a Igreja na história. Tal crescimento[161], segundo são Boaventura, se dá de forma progressiva e trinitária na história da salvação. Em razão dos "processos", o santo doutor fala das ordens "fundamentais", que correspondem ao Pai, primeira Pessoa da ssma. Trindade. Trata-seda ordem "patriarcal", "profética" e "apostólica"[162]. Nessa ordem se encontram os patriarcas, os profetas e os apóstolos e, por conseguinte, cada um desses carismas está relacionado a um dom interior. Segundo s. Boaventura,

"nos patriarcas houve a estabilidade da fé; nos profetas, clareza no conhecimento; nos apóstolos, fervor da caridade. Se, pois, a geração do Novo Testamento se deu por um tão nobre principio, assim também se deu por tão nobres príncipes"[163].

---

[160] Ibid.

[161] Para explanação seguinte: cf. Hex. col. 22, n. 3-23, in: BUENAVENTURA, OBRAS DE SAN BUENAVENTURA, t. III, p. 609-621.

[162] O uso alegórico do ternário ou do numero três indica essa compreensão trinitária da história da salvação, típica da linguagem boaventuriana. Cada carisma segundo o doutor seráfico está ordenado de forma ternária e, por conseguinte, corresponde à respectiva propriedade de cada Pessoa divina.

[163] Hex. 23 n. 6, in: BUENAVENTURA, t. I, p. 611.

Na história da salvação, conforme a Escritura[164], eles são o fundamento e a origem da Igreja. A função dos carismas das ordens fundantes se conforma ao Pai, porque em sua propriedade pessoal é o principio ou fonte da vida na Trindade e criador de todas as coisas.

Em segundo lugar, o doutor franciscano descreve as "ordens promoventes", a saber, a ordem dos confessores, dos mártires e das virgens que respondem ao Filho, segunda Pessoa da ssma. Trindade. S. Boaventura observa que esses carismas contribuem para desenvolvimento da Igreja no tempo. Os seus membros dilatam a Igreja porque são exemplos de virtude. Essas ordens compreendem muitos leigos, sejam homens ou mulheres.

Cada carisma responde a um contexto histórico. Assim, os confessores, florescem num tempo de heresias; as (os) virgens, no tempo em que os homens se voltam à carne; os mártires, em tempo de perseguição, promovem a purificação da Igreja e a sua dilatação no mundo.

Em terceiro lugar, o santo doutor fala da ordem dos "consumantes", que respondem ao Espírito Santo. Trata-se da ordem dos presidentes, dos magistrados e dos regulares. Os presidentes possuem a autoridade de governar os seus súditos; os magistrados são aqueles que ensinam aos seus discípulos seja o direito, a filosofia, tologia ou qualquer ciência boa. E os regulantes e regulados compreendem aqueles que cultivam a vida monástica, vivendo em castidade e humildade.

Na segunda distinção de carismas, conforme a sua ordem se dispõe em razão dos ascensos (de ascensão, elevação ou subida) e graus eclesiásticos. A numeração desses carismas corresponde aos ministros ordenados, isto é, à função dos clérigos. Trata-se de uma hierarquia puramente clerical. No exercício de seus ministérios, o clérigo é chamado à função mística, aplicando a si mesmo e aos demais fiéis as três vias do crescimento espiritual: "via purgativa, iluminativa e aperfeiçoante".

A via purgativa pertence ao osteriato, leitorato, exorcitato; a via iluminativa pertence ao acolitato, ao subdiaconato e ao diaconato e, por fim, à via aperfeiçoativa corresponde ao prebiterato, ao episcopado, ao patriarcado.

[164]Ef 2, 19 e 20.

E em seguida, o doutor seráfico explana os ofícios e ministérios dos estados ou formas de vida; são as ordens em razão dos exercícios, que se dividem em ativos; ativos e contemplativos e contemplativos.

Aos leigos pertence o modo de vida ativa. Neste sentido, edificam a Igreja e constroem o Reino de Deus, exercendo atividade secular, sempre em ordem a perfeição da caridade. A ordem laical porque produz responde ao Pai quanto a sua produção. S. Boaventura distingue tríplice ordem: dos sagrados príncipes, dos sagrados conselheiros e das sagradas plebes. Portanto, exercem o seu ofício no âmbito do mundo.

Aos clérigos pertence o estado de vida mista, ou seja, ativa e contemplativa. Eles exercem a sua função no âmbito do universo sacramental da Igreja. Essa ordem produz e é produzida. Os clérigos devem alimentar e contemplar para que sejam medianeiros entre Deus e o povo. S. Boaventura distingue três ordens: ministerial, sacerdotal e pontifical.

E, finalmente, aos religiosos pertence a ordem dos contemplativos. Essa ordem é produzida. Muito mais do que agir ou produzir, eles são chamados a se deixar trabalhar pelo Espírito Santo, vivendo forma de vida contemplativa. O doutor seráfico, diz que estes são chamados a vagar às coisas divinas. Alguns, por modo suplicatório, ou seja, se dedicam à oração, a devoção e ao louvor divino e, ao mesmo tempo, se aplicam ao trabalho manual para o seu próprio sustento. Essas são as ordens monásticas que respondem aos tronos.

Outros vagam às coisas divinas por modo especulatório, isto é, membros que se dedicam ao estudo ou especulação da Escritura. Trata-se do estudo e da preparação intelectual em vista da missão e pregação. Estes são os pregadores e os frades menores. Porém, essa especulação não pode se afastar da unção. Ou como diz são Francisco, do espírito de oração e devoção.

Outros se dedicam às coisas de Deus de modo sobre-elevativo (sursum-actio), conforme conhecimento estático ou excessivo. É o ponto máximo da vida contemplativa, momento de perfeição ou consumação do conhecimento de Deus segundo a caridade. São os membros da ordem seráfica, que segundo são Boaventura, não constitui necessariamente os membros da ordem histórica e institucional de seu tempo, mas de homens e mulheres de ontem e de hoje, e de amanhã que alcançam a perfeição desse estado de vida sobre-elevativo, a semelhança de são Francisco.

Trata-se de estado de vida carismático, aberto a todos os filhos e filhas de Deus que desejam alcançar pelo conhecimento da contemplação a sabedoria da cruz, alicerçando-se no seguimento do Cristo pobre e crucificado.

Essa sobre-elevação é um conceito da linguagem mística de são Boaventura. O advérbio "sursum" indica "para cima" e o substantivo verbal "actio" indica ação, operação. Significa ação de levar ou ser levado ao alto ou para cima[165]. Em outras palavras, indica a elevação passiva da alma contemplativa, pela graça divina, a união suprema com Deus mediante o amor extático[166]. Esse amor estático ou caridade indica, por sua vez, a êxtase da contemplação sapiencial, quer dizer, o conhecimento experiencial de Deus pelo amor[167]. Por sua vez, é papel do Espírito Santo através da efusão de dons e carismas conduzir os fiéis a consumação ou plenitude deste estado de vida.

Assim foi são Francisco, segundo o doutor seráfico que de tão contemplativo mais se aproximou e se uniu pela caridade a Cristo de modo a se tornar semelhante ao próprio Cristo. Quem vive interiormente este estado de contemplação seja na vida religiosa, laical ou clerical alcança o cume da perfeição evangélica.

Por fim, é importante notar que cada um desses graus corresponde ainda a um aspecto da vida interior da Igreja. São Boaventura cita a fé, o conhecimento, o amor, a expansão, a explicação da fé, o amor da castidade, a autoridade, a clareza, a renúncia à carne[168].

CONCLUSÃO

Os carismas têm como origem, fundamento e exemplar cristológico. Portanto, se situam no universo da Igreja, corpo místico, e, por conseguinte, na história da salvação. Por sua vez, supõe a relação com o Verbo eterno ou incriado. Pois, uma ação aponta e

---

[165] "Sobre-elevação", in: *Lexico bonaventuriano*, BUNAVENTURA, *Obras de San Buenaventura*, t. III, p. 773.

[166] Veja também: "sursumatio", in: BOUGEROL, Jacques-Guy, *Lexique Saint Bonaventure*, Paris: ed. Franciscaines, 1969, p. 124.

[167] Cf. "extasis", in: BOUGEROL, Jacques-Guy, *Lexique Saint Bonaventure*, p. 66.

[168] TAVARD, G. *Seccession et ordre dans lastructure de l'Eglise*, in: S. Bonaventura, t. IV, Roma: Collegio S. Bonaventura – Grottaferrata 1974, p. 439.

continua a outra. O Verbo encarnado, na ordem da salvação, continua a missão do Verbo incriado, na criação. Com efeito, estas duas funções cristológicas têm um mesmo fim: o retorno de todas as coisas criadas e recriadas à pessoa do Pai eterno. Cristo é meio tanto na criação como na obra da salvação, mais especificamente no universo eclesial da Igreja.

Cristo como "meio" e "mediador" é o "hierarca principal" que tem a função de fundar, ordenar, dirigir a Igreja militante e peregrina na terra, distribuindo os seus dons, carismas e ofícios. Por sua vez, o Espírito Santo é verdadeiro hierarca que aperfeiçoa e finaliza a obra de Cristo na Igreja. Com efeito, a Igreja é ornada, organizada e constituída na história através da distribuição de inúmeros carismas espirituais ou da graça. A Igreja como obra de Cristo e do Espírito Santo é hierarquia ordenada, reflexo da hierarquia angélica ou Jerusalém celeste. Neste sentido, pela ação do Espírito Santo na hierarquia angélica, a Igreja é constituída de modo ternário ou trinitário a imagem da Trindade. Logo, toda perfeição que há na Trindade e na hierarquia angélica encontramos nas limitações e condicionamentos humanos da Igreja militante ou Jerusalém terrestre. Também as suas ordens, estados de vida e ministérios refletem a perfeição de Cristo, Verbo encarnado em sua vida histórica.

Os carismas se visibilizando na sociedade e na história não somente têm a sua origem e fundamento em Cristo, mas também o seu exemplar. Eles se situam no universo da graça, da espiritualidade e da mística, e são concedidos para a formação da vida do discípulo de Cristo, em vista da perfeição evangélica, e, por consequência, a conformação à imagem de Cristo, pobre e crucificado, e, em última análise, ao estado de deiformização, isto é, momento místico em que alcançamos o cume da perfeição das bem-aventuranças e nossa fruição de Deus. É o momento final e, ao mesmo tempo, atual da paz escatológica. É a consumação da Igreja e da vida da alma santa.

A compreensão da eclesiologia dos carismas em são Boaventura se dá a partir dos elementos interiores (graça, virtudes, dons) de modo a contribuir para uma visão mais mística e espiritual do que simplesmente social e jurídica da Igreja e os seus ministérios.

A cristologia unida a pneumatologia contribuem para pensar os carismas de forma mais equilibrada não somente considerando a sua eficácia ativa, mas também a sua perspectiva mística de seguimento e imitação a Cristo pobre e crucificado. Na economia da salvação Cristo age com o seu Espírito. Os carismas têm o seu fundamento em Cristo e o seu aperfeiçoamento no Espírito Santo. Deste modo, os carismas têm uma mística e uma espiritualidade. O Espírito Santo faz da Igreja continuadora da obra de Cristo e mediadora da graça e da salvação.

O carisma tem o seu valor sacramental e confere dignidade ao fiel quando exercido na harmonia entre o exterior (ofício) e o interior (virtude). Por mais elevado que seja a posição ou a dignidade do ofício ou ministério, o carisma não será fecundo ou frutuoso se não houver sintonia entre o interior e o exterior. Entre carisma e ministério. Entre fé e amor. Contemplação e participação.

O acento na obra do Espírito Santo ajuda a pensar a distribuição dos carismas não somente em sua diversidade e unidade, mas na inclusão e participação de cada um e de todos na edificação do corpo místico de Cristo. O Espírito Santo atua em cada membro e em toda Igreja, tornando-a organismo vivo. Por conseguinte, ele a põe em sintonia com as luzes da Trindade e de todas as hierarquias seja celeste ou subceleste; angélica ou humana. Através de seus carismas e ministérios a Igreja é semelhante a um corpo onde há movimento e solidariedade entre os seus membros.

A teologia dos carismas tem uma forma trinitária. Neste sentido, se resgata o pensamento dos santos padres, seja gregos e latinos, que concebem profundas relações entre o mistério da Trindade e a história da salvação. Os carismas recebem uma forma visível em conformidade com as propriedades ou apropriações da Trindade divina de modo a inserir cada fiel bem como toda Igreja na participação de seu mistério.

A compreensão dos carismas ressalta dimensão do discipulado orientando ao seguimento do Cristo em sua humanidade. Através dos carismas, o cristão continua a obra de Cristo no mundo, exercendo a sua diaconia, em espírito de pobreza evangélica a exemplo de Cristo pobre e crucificado, na perspectiva de alcançar a perfeição escatológica da bem-aventurança. Para são Boaventura a visibilização dos carismas fruto da interiorização da graça das virtudes não é algo simplesmente funcional, mas pessoal, missionário e místico. Os carismas afetam o corpo místico em seu todo, inclui a solidariedade de todos os membros a serviço uns dos outros. Daí porque os carismas constroem a unidade ou comunhão na Igreja.

E, por fim, não podemos deixar de considerar o lugar central do mistério da encarnação, principio da espiritualidade e graça dos carismas. Cristo crucificado em sua condescendência e misericórdia abaixando-se humildemente até nós nos concedeu carismas de modo que a Igreja toda e todos os fiéis configurados à imagem da humanidade Cristo, imitando os seus atos, em atitude de discipulado, possam continuar a sua missão de abaixamento e humildade no serviço gratuito a humanidade e a experimentar a vida de santidade em Cristo através da opção evangélica e o testemunho de vida. Pela ação do Espírito Santo que com Cristo se condescende e abaixa até a humanidade pecadora a Igreja continua na história a dinâmica da encarnação na perspectiva do retorno à caridade, a paz e a unidade que procede da Pessoa do Pai, fonte e destino último da Vida.

SIGLAS

Apol. paup.: apologia dos Pobres.

Brev.: brevilóquio.

Chris. u. omn. magis.: Cristo, único mestre de todos.

De Red. art.: Redução das artes à teologia.

De Trans. S. Fran.: sermão sobre a transladação de são Francisco.

Dom. post Epiph.: sermão dominical após a Epifania.

Hex.: conferências sobre o Hexaemeron (Os seis dias da criação).

In I, II, III, IV Sent.: comentário às sentenças do mestre Pedro Lombardo.

In Joan.: comentários ao evangelho de João.

In Luc.: comentários ao evangelho de Lucas.

Lig vit.: a Árvore da Vida.

Perf. ev.: questões sobre a perfeição evangélica.

Sermo in asc. Dom.: sermão do domingo das Ascensão do Senhor.

Sermo in nativ. Dom.: sermão do domingo da Natividade.

Sermo de s. Andrea: sermão sobre o apóstolo santo André.

Sermo in festo omn. sanct.: sermão da festa de todos os santos.

Sermo in Epiph.: sermão da Epifania.

sermo in Dom. p. Pent.: sermão dominical após Pentecostes.

Sermo in Dom. Adv.: sermão do Domingo do Advento.

Ss. Angelis: sermão sobre os santos Anjos.

Sermo in Festo circum. Dom.: sermão na festa da Circuncisão do Senhor.

Tripl. v.: tríplice via ou os três caminhos do incêndio do amor.

BIBLIOGRAFIA:

1. Obras:

BONAVENTURAE, ***OPERA OMNIA***. *Commentaria in Quatuor Libros Sententiarium Magistri Petri Lombardi,* t. IV, Florença: Ad Claras Aquas (Quaracchi), Ex Typografhia Colleggi S. Bonaventurae, 1889.

__________. *Comm. In Evangelium S. Lucae.* t. VII. Florença: Ad Claras Aquas, 1895.

__________. *Sermones de Tempore, de Sanctis, de B. Virgine Maria et Diversis.* t. IX. Florença: Ad Claras Aquas (Quaracchi), Ex Typografhia Colleggi S. Bonaventurae, 1901.

BUENAVENTURA, *Obras de San Buenaventura,* t. I, Madrid: BAC, 1945.

__________. *Obras de San Buenaventura,* t. III, Madrid: BAC, 1947.

__________. *Obras de San Buenaventura,* t. IV, Madrid: BÀC, 1945.

__________. *Obras de San Buenaventura,* t. VI, Madrid: BAC, 1949.

2. Comentários:

AMBROGIO, Nguyen Van Si, *Seguire e Imitare Cristo secondo san Bonaventura,* Milão: ed. biblioteca francescana, 1995.

BERRESHEIM, Heinrich.*Christus als Haupt der Kirche nach dem heiligen Bonaventura. Ein Beitrag zur Theologie der Kirche,* Münster: Antiquariat Th. Stenderhoff, 1983.

BOUGEROL, J. G. Introduzione Generale, in: *Opere di San Bonaventura,* Roma: Città Nuova Editrice, 1990.

________________. *Lexique Saint Bonaventure.* Paris: ed. Franciscaines, 1969.

ELSÄSSER, Antonellus. *Die Verschiedenen Stände in der Kirche nach der Lehre des Heiligen Bonaventura,* in: Wissenschaft und Weisheit, Patimos-Verlag Düsseldorf. Ano 31, n.1, 1968, p. 13-29.

HELLMANN, J. A. Wayne. *Divine and Created Order in Bonaventure's Theology,* tr. ing. New York: the Franciscan Institute San Bonaventure, 2001.

ROVAI, José. *La Iglesia y la Existência Cristiana en la Teologia de san Buenaventura,* segunda parte. Buenos Aires: Facultad de Teología de La Pontificia Universidad Católica, 1977, p. 54.

SILIC, Rufin. *Christus und die Kirche, IhrVerhältinisnach der Lehre des Bonaventura.* Breslau: Verlag: Müller & Seiffert, 1938.

TAVARD, George. *Succession et Ordre dans la structure de l'Eglise, in*: S. Bonaventura, t. IV, Roma: Collegio S. Bonaventura – Grottaferrata, 1974.

Printed by Books on Demand GmbH, Norderstedt / Germany